Andrea Coppola

BLENDER
La guida definitiva

VOLUME 2

Blender
High School

Sommario

I

1

INTRODUZIONE

1.1. Introduzione

Dopo aver imparato a conoscere Blender e a modellare con i suoi potenti strumenti, in questo secondo volume di **Blender – La Guida Definitiva**, entreremo finalmente nel fantastico mondo dei colori, dei materiali, dell'illuminazione, dell'inquadratura e della pittura a mano, grazie alla quale metteremo alla prova la potenza di calcolo del nostro *computer*, generando immagini davvero realistiche.

Dopo la lunga trattazione sulla modellazione del volume 1, parleremo finalmente di *rendering*, vale a dire quel processo di calcolo che ha come scopo la rappresentazione più o meno foto realistica della scena precedentemente modellata.

Naturalmente per *rendering* si intende anche il processo di calcolo delle scene animate e delle simulazioni, ma questi argomenti saranno oggetto dei volumi successivi.

Blender ci mette a disposizione, di base, due potenti motori di *rendering*: **Blender Render** (o *Blender Internal*), il motore storico, e il nuovo **Cycles**, impostato ormai come motore di *default* già dalla versione 2.61, decisamente più versatile, complesso e potente.

Esistono, tra gli *Addons*, altri motori di *rendering* (e altri ancora si trovano in rete, molti dei quali *freeware* e *open source*). Tra questi, il *Blender Game Engine* apre alla creazione di *videogame* e alla programmazione.

Benché *Blender Render* stia cadendo un po' in disuso, in favore di *Cycles*, una guida definitiva non può non tenere conto e trattare a fondo entrambi i motori principali, in ogni loro parte e parametro.

Proprio per l'impostazione che abbiamo deciso di dare alla stesura di questi volumi, sin dall'inizio, noterete che, in più di un caso,

3

accantoneremo alcuni argomenti per riprenderli in seguito, o ne anticiperemo alcuni.

In questo modo, riusciremo a seguire un completo filo logico.

Blender è nato per gli sviluppatori, è stato progettato inizialmente per un uso proprietario. Solo successivamente si è aperto al pubblico. Ecco perché la sua interfaccia ha subito tante trasformazioni e aggiornamenti. Ed ecco perché, proprio per la sua impostazione logica, le funzioni e gli strumenti sembrano posizionati in modo disordinato, spesso confusionario. In realtà tutto ciò ha una logica perfettamente coerente agli occhi di un *developer*, meno forse per un utente *standard*. Non è da escludersi che, nel futuro, gli sviluppatori potranno nuovamente rivoluzionare l'interfaccia, rendendola più settoriale e semplificando le finestre.

In ogni caso, il solo elencare ogni funzione di una finestra, ogni strumento, senza aver compreso a fondo alcuni argomenti, farebbe di questa guida un'enciclopedia (probabilmente anche insufficiente), un susseguirsi di specifiche senza vita e non un mezzo lineare e paziente per imparare un *software* così vasto.

Per questo motivo, i vari *tab* della finestra *Properties*, ad esempio, saranno adeguatamente trattati solo quando necessario, durante la spiegazione di una speciale funzione o di un determinato ambiente di lavoro.

Ogni argomento, ogni finestra, ogni funzione saranno descritte in ogni specifico e relativo ambito, per ogni motore di *rendering*, in tutte le modalità e per i vari tipi di oggetto.

Come sempre, inoltre, troverete esempi pratici, collocati nei punti più opportuni e solo dopo aver acquisito a fondo un certo numero di informazioni su un certo argomento.

Vi consigliamo di esercitarvi continuamente e di non fermarvi agli esercizi proposti in questa trattazione.

La rete è piena di *tutorial*, guide e manuali, tutti utili come compendio a questi volumi. Ma pensare di imparare un *software* come Blender saltando da un *tutorial* all'altro, a nostro avviso non è il metodo migliore. Il rischio è di eseguire una serie di operazioni a memoria, senza quello zoccolo duro che solo un corso completo può fornire.

Come sempre, guardatevi intorno. Studiate e copiate ciò che vi sta intorno.

Buona lettura e buon esercizio!

6

2

BLENDER RENDER

2.1. Introduzione ai motori di rendering

In C.G. (*computer grafica*), i motori di *rendering* sono gli strumenti con i quali viene avviato un processo di calcolo di una scena 3D o di una animazione secondo algoritmi che consentono di simulare il percorso della luce e la rappresentazione dei colori, dei materiali e delle ombre, al fine di ottenere un determinato stile di visualizzazione.

Nel caso di Blender, sono disponibili tre principali motori di *rendering* (*render engine*): il motore originale *Blender Render*, il nuovo e innovativo *Cycles* e il motore *Blender Game*, utile per la riproduzione dell'ambiente di programmazione e di *gaming*, che non verrà trattato in questo volume.

Altri motori sono disponibili tra gli *Addons* e molti altri in rete.

L'ambiente di *rendering*, qualunque esso sia, apre al controllo di una serie vasta di impostazioni, parametri, criteri e fattori che determineranno il risultato finale.

Ogni motore è non compatibile con gli altri (a meno di particolari artifici, che non è possibile trattare in questa sede) e gestisce i vari aspetti in modo completamente individuale.

Materiali, illuminazione, *texture*, filtri e altri parametri differiscono da motore a motore in modo spesso basilare.

Il consiglio è quello di concentrarsi su un motore specifico. Impararne l'uso, in modo sommario, di molti ambienti di *rendering* è controproducente e spesso inutile.

Blender offre due motori decisamente performanti, *Blender Internal* (o *Blender Render*) e *Cycles* (che analizzeremo nel prossimo capitolo) in modo particolare.

2.2. Blender Render

Questo motore di *rendering*, caduto un po' in disuso, da quando *Cycles*, estremamente più performante, si è imposto prepotentemente, viene ancora utilizzato, soprattutto da chi utilizza il *Blender Game Engine*, molto simile nell'impostazione a questo motore.

Blender viene rilasciato a partire dalla versione 2.6x con *Cycles* impostato come motore di *default*. Per impostare *Blender Render* (o *Blender Render*), è necessario sceglierlo nel menu a tendina *Engine to use* posto nell'*header* della finestra *Info*.

fig. 1 selezione del *Blender Render* come motore di *rendering*

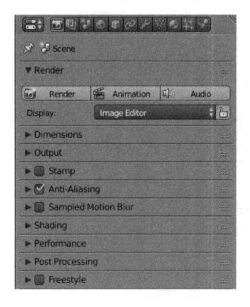

fig. 2 il *tab Render*

10

2.1.1. Tab Render

Il *tab* principale, in cui sono contenuti tutti i parametri e le impostazioni del motore di *rendering* è **Render**, rappresentato dall'icona con la macchina fotografica.

In questo *tab* sono contenuti alcuni pannelli, le cui impostazioni consentono un ampio controllo del motore.

Altre impostazioni fondamentali sono contenute nel pannello *World*, mentre i dati relativi ai materiali e alle *texture* si trovano nei rispettivi pannelli *Material* e *Texture* e quelli relativi all'illuminazione e alle fondi luminose nel pannello *Lamp*.

Il pannello *Render* del *tab* Render racchiude le impostazioni primarie del motore. Il menu *Display* permette di scegliere la modalità di visualizzazione del processo di renderizzazione dell'immagine o dell'animazione, scegliendolo tra:

- *Image Editor* (di *default*), l'apposita finestra dedicata alla visualizzazione di immagini;

- *Full Screen*, a tutto schermo;

- *New Window*, in una nuova finestra differente dalla 3D view;

- *Keep UI*, in modo da non forzare le modifiche dell'interfaccia utente.

Oltre a questo menu, nel pannello sono disponibili tre pulsanti (interruttori) di scelta della tipologia di *rendering*:

- *Render* (tasto di scelta rapida F12) che avvia automaticamente il *rendering* di una immagine statica nell'ambiente definito nel menu *Display*;

- *Animation* (CTRL + F12) che avvia la renderizzazione di un'animazione, i cui fotogrammi sono definiti nella *Timeline*. Si consideri che ogni fotogramma equivale ad un singolo

11

rendering di una immagine statica e che pertanto il processo di *rendering* di una scena animata può necessitare di un lungo tempo e di molte risorse RAM e CPU;

- *Audio*, che miscela un suono, scelto dal *browser* nella scena 3D.

Per salvare su disco un *rendering* alla fine del processo di calcolo è necessario digitare il tasto F3.

Il pannello **Dimensions** gestisce le informazioni relative ai dati dimensionali del file, sia esso una immagine statica o una animazione.

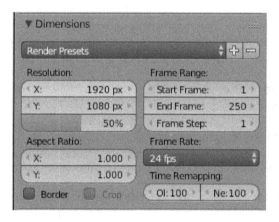

fig. 3 il pannello *Dimensions*

- *Resolution* consente di inserire le dimensioni del file immagine della scena renderizzata, espresso in *pixel*, in direzione *x* e in direzione *y*. E' presente inoltre un fattore di scala, definito nel cursore sottostante (da 0 a 100%).

- *Aspect Ratio* definisce il rapporto fra *x* e *y* dell'immagine renderizzata (di default i valori sono impostati a 1;

12

- la spunta *Border* è molto utile per renderizzare soltanto una porzione della scena 3D all'interno della camera, definita con il mouse dall'area rettangolare di selezione SHIFT + B e trascinando il cursorino a croce;

- se spuntata l'opzione *Border*, si attiverà anche la spunta *Crop* che permette di isolare l'area definita da *Border* all'interno di un perimetro rosso;

- *Frame Range* contiene i parametri relativi alla renderizzazione di una scena animata, ossia il fotogramma iniziale dell'animazione (*Start Frame*), quello finale (*End Frame*), riconoscibili nella *Timeline* e l'intervallo dei fotogrammi renderizzati (*Frame Step*) di default impostato a 1;

- *Frame Rate* apre un menu a tendina da cui scegliere il numero dei fotogrammi al secondo (*fps*) dell'animazione. Di *default* è impostato a 24;

- *Time Remapping* definisce le mappature rispetto ai fotogrammi.

Nel pannello **Output** si trovano le informazioni relative al percorso e all'estensione del file di rendering.

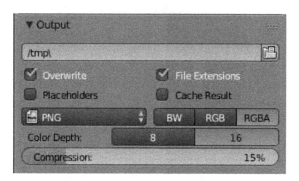

fig. 4 il pannello *Output*

- nella casella di testo è possibile definire il percorso e la *directory* in cui verranno collocati i fotogrammi e le immagini renderizzate in sequenza al termine del processo di renderizzazione;

- la spunta *Overwrite*, se attivate permette la sovrascrittura di nuove immagini o nuovi file su versioni omonime o precedenti;

- *Placeholder*, se spuntato, crea, durante il processo di renderizzazione dei fotogrammi, un *file* segnaposto vuoto;

- la spunta *File Extensions* permette di digitare l'estensione del file all'interno della casella di inserimento del nome del file immagine o animazione;

- *Cache Results* consente di salvare un file di estensione *.exr* contenente i dati *cache* del processo di renderizzazione;

- il menu a tendina *Output Image* consente di scegliere l'estensione del *file* contenete l'immagine o l'animazione renderizzato tra i più comuni formati immagine o video;

- gli interruttori *BW*, *RGB*, *RGBA* definiscono il formato colore del file di renderizzazione, rispettivamente *bianco e nero*, *a colori*, *a colori con canale di trasparenza alpha*, se il formato di estensione del *file* lo permette;

- con gli interruttori *Color Depth* si può scegliere la profondità del colore espressa in *bit* per una maggiore risoluzione e nitidezza dell'immagine (disponibili 8 e 16 *bit*);

- il cursore *Compression*, infine, permette di impostare un valore in percentuale di compressione del file.

Il pannello **Stamp** si attiva con una spunta.

Se attivato, verranno impressi sull'immagine finale di *rendering* tutti i dati e le caratteristiche definite nel pannello.

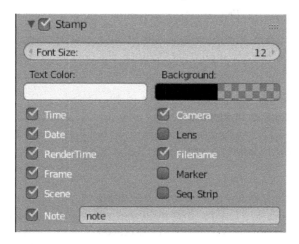

fig. 5 il pannello *Stamp*

fig. 6 risultato di un *render* con le informazioni impresse

Tra le informazioni da stampare è possibile scegliere: il nome del file (*Filename*), la data (*Date*), l'ora (*Time*), la durata del processo (RenderTime), il numero del fotogramma (*Frame*), il nome della scena

(*Scene*), il nome della camera (*Camera*), le caratteristiche della lente (*Lens*), eventuali *marker*, l'eventuale nome di una striscia di immagini in sequenza (*Seq. Strip*), una nota (*note*).

Si possono scegliere inoltre le dimensioni del carattere (*Fonts Size*), il colore dei caratteri (*Text Color*) e dello sfondo (*Background*).

Il pannello **Antialiasing**, se attivata la spunta, contiene le impostazioni sulla definizione dei dettagli dell'immagine renderizzata durante la trasposizione vettoriale dei modelli 3D in una immagine *raster*.

Questo parametro di campionatura di precisione è definito dagli *switch 5, 8, 11* e *16*, mentre il metodo e l'algoritmo *Piixel Filter* sono definibili nel menu a tendina sulla destra.

La spunta *Full Sample* attiva l'*antialiasing* durante la renderizzazione per *layer*, un metodo avanzato che vedremo in seguito.

Size, infine, definisce le dimensioni e lo spessore della correzione vettoriale.

fig. 7 il pannello *Antialiasing*

Nel pannello **Sampled Motion Blur**, se spuntato, è possibile consentire a Blender di creare dei fotogrammi virtuali fra un fotogramma e l'altro che, miscelati con i due fotogrammi reali, determinano un effetto di sfocatura nel movimento.

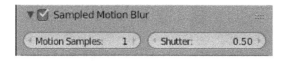

fig. 8 il pannello *Sampled Motion Blur*

Motion Samples Imposta il numero di campioni da creare come fotogrammi virtuali per ogni fotogramma. Più alto è il campione, più uniforme sarà l'effetto di sfocatura e, naturalmente, il più lungo sarà il processo di *rendering*.

Shutter esprime in secondi il tempo in cui l'otturatore rimane aperto per *bruciare* il fotogramma con la sfocatura.

Nel pannello **Shading** è possibile attivare o disattivare la visualizzazione nel render delle *Textures*, le ombre (*Shadows*), l'effetto di *Surface Scattering* se esistente, la *texture* assegnata all'ambiente se presente (*Environment Map*). Inoltre è possibile scegliere di attivare o disattivare il calcolo di proiezione delle ombre, delle trasparenze e delle riflessioni su oggetti colpiti dalla luce (*Ray Tracing*) e di selezionare cosa verrà assegnato al canale trasparente *Alpha* (se supportato dal file), scegliendo tra le opzioni:

- *Sky*, che renderizza il colore o la scala cromatica definita nel *tab World*;

- *Premultiplied*, che applica una componente trasparente anche sui colori RGB dell'immagine;

- *Straight Alpha*, che assegna tutte le informazioni sulla trasparenza al solo canale *alpha*, in modo da poter gestire il *file* risultante in un programma esterno a Blender di foto ritocco e visualizzatore di immagini che supporti e gestisca il canale della trasparenza.

17

fig. 9 il pannello *Shading*

Il pannello **Performance** gestisce le impostazioni di *rendering* in funzione dell'*hardware* disponibile.

Queste informazioni sono molto importanti al fine di gestire le prestazioni del processo di renderizzazione.

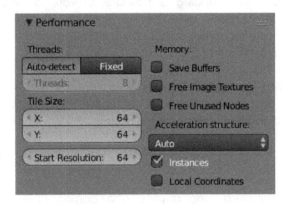

fig. 10 il pannello *Performance*

Lo *Switch* a due pulsanti *Threads* permette di determinare il numero più conveniente dei processi di calcolo, secondo il numero dei processori e dei *core* presenti nel sistema. Questi possono essere rilevati in automatico (*Auto-detect*) e visualizzati nel contatore *Threads*. Qualora si decida di impostare questa opzione manualmente (*Fixed*), il contatore *Threads* si attiva, permettendo l'inserimento numerico.

18

Tile Size determina le dimensioni dei *tile* ossia dei riquadri in cui l'immagine viene suddivisa durante la renderizzazione, secondo le coordinate *X* e *Y*. Consigliamo di impostare il valore *64* se si utilizza la *CPU* ai fini del calcolo e *256* se si utilizza la *GPU*.

Start Resolution imposta il valore minimo del riquadro all'inizio della renderizzazione, in modo che possa gradualmente adattarsi ai valori precedentemente descritti.

Vi sono poi tre opzioni a spunta sulla memoria utilizzata (*Memory*): *Save Buffers*, *Free Image Textures* e *Free Unused Nodes* che consentono di liberare la memoria allocata e non utilizzata per alleggerire il sistema dopo il processo di renderizzazione.

Acceleration Structure permette di scegliere dalle opzioni del menu a tendina che tipo di accelerazione del *ray tracing* dovrà essere utilizzata.

Spuntando *Instances* è possibile ridurre il peso del file, considerando la memoria occupata dalle istanze nella scena.

L'ultima spunta, *Local Coordinates*, imposta le coordinate locali delle primitive.

Il pannello **Post Processing** veicola il risultato del *rendering* secondo le opzioni assegnate.

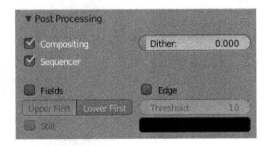

fig. 11 il pannello *Post Processing*

19

- *Compositing* veicola il rendering nell'ambiente di *compositing* in cui è possibile agire in post produzione dell'immagine, grazie a filtri, effetti e altre funzioni;

- *Sequencer* veicola il *rendering* animato nella finestra *Video Editor*;

- *Dither* genera un rumore nel risultato finale del rendering al fine di evitare artefatti grafici poco gradevoli;

- *Fields*, se spuntato attiva uno *switch* in cui definire, in caso di video destinato a formati televisivi PAL o NSTC, quali campi del fotogramma renderizzare per primi fra i superiori (*Upper First*) o gli inferiori (*Lower First*).

- *Still* disabilita differenze temporali fra le opzioni definite dai parametri *Fields*.

- *Edge* crea un contorno della geometria renderizzata, stile *cartoon*, definendone la soglia (*Threshold*) entro la quale vengono definiti quali spigoli debbano essere demarcati nel *render* e quale colore utilizzare (nero di *default*).

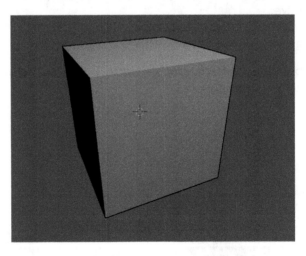

fig. 12 risultato dell'opzione *Edge* attivata

Il pannello **Freestyle**, se attivato dagli *Addons*, renderizza in stile *cartoonistico*, demarcando i contorni con tratto dallo spessore fisso se scelta l'opzione *Absolute* (e specificandolo nell'apposito contatore (*Line* Thickness), o proporzionale se utilizzato *Relative*.

fig. 13 il pannello *Freestyle*

Anticipiamo infine, dal momento che tratteremo il concetto più avanti, il pannello **Bake**, che contiene le informazioni per *cuocere*, ovvero fissare, ombre, illuminazione, rilievi, riflessioni ed effetti su una *texture* assegnata ad un solido, in modo da fissarli definitivamente, alleggerendo il processo di calcolo in tempo reale.

Questa funzione è indispensabile per chi utilizza la *texturizzazione* ai fini della creazione di videogiochi (alleggerendone quindi il processo di calcolo in tempo reale) o ambienti virtuali *online*, come ad esempio *Second Life*.

fig. 14 il pannello *Bake*

21

2.3. Materiali

Dopo aver impostato e configurato al meglio il motore di *rendering*, possiamo cominciare, finalmente, a parlare di materiali.

Ogni oggetto è composto di un materiale nella realtà e ogni materiale è il risultato di una combinazione di colori e caratteristiche fisiche, risultanti dall'incidenza della luce.

La luce, in effetti, è la chiave di ciò che siamo in grado apprezzare: colori, lucentezza, trasparenza, riflessione, ombra.

Non solo, ma il nostro cervello è abituato ormai a selezionare e riconoscere immediatamente i materiali con cui sono composti gli oggetti che ci circondano, in base al loro comportamento nelle varie condizioni di illuminazione.

Sappiamo perfettamente, e possiamo immaginarlo anche senza vederlo, che un metallo ha un grado di lucentezza ben diverso da un materiale plastico, un cuoio o un legno. Riconosciamo addirittura se la finitura di un mobile sia un foglio di legno (detto impiallacciatura) o una riproduzione dello stesso, per quanto fedele e a rilievo (detta laminatura).

Siamo in grado di registrare un materiale perché lo conosciamo nei dettagli.

Nel riprodurre la realtà, una scena virtuale composta da oggetti ai quali sono applicati determinati materiali, deve riprodurre le stesse caratteristiche e gli stessi comportamenti di una configurazione reale.

Per una maggiore comprensione del concetto, basti ragionare sul fatto che ogni materiale è la combinazione di più caratteristiche (dette ombreggiatori) che si comportano in una maniera ben definita all'incidenza della luce.

Quando ci soffermeremo sul motore di *rendering Cycles*, questo concetto diverrà ancor più complesso, ma decisamente schematico, grazie all'uso dei nodi.

In linea di massima, ad esclusione di materiali specifici come vetro, ghiaccio e liquidi, la stragrande maggioranza dei materiali solidi che ci circondano può essere rappresentata con un semplice schema.

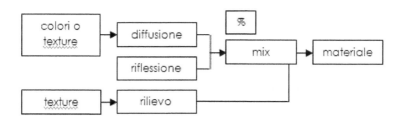

fig. 15 schema *standard* di un materiale generico

Analizziamo gli elementi che compongono questa configurazione e tentiamo di leggerli partendo da destra verso sinistra. Questa lettura sarà estremamente utile quando impareremo a costruire un materiale con i nodi.

Possiamo provare a leggere e tradurre lo schema rappresentato in un linguaggio corrente.

Un materiale è determinato da un mix tra una componente diffusa della luce assorbita (diffusione) e da una componente di riflessione. Il materiale diffonderà un colore o una gamma di colore (texture). Inoltre una componente vettoriale determinerà il rilievo del materiale secondo una texture o una gamma di colori monocromatici per i quali a valori tendenti al bianco si otterrà un rilievo positivo (verso l'alto) e per valori tendenti al nero un rilievo negativo (depressione).

23

Ovviamente esistono molte altre componenti, non sempre presenti nei materiali, detti ombreggiatori, o *Shader*, che analizzeremo nel corso di questo capitolo.

Dallo schema dovrebbe inoltre essere chiara la differenza tra materiale e *texture*. La seconda è solo una delle (eventuali) componenti di un materiale. È solitamente assegnata alla componente di diffusione (*Diffuse*).

Bisogna quindi abituarsi a parlare di materiale, inteso come insieme di componenti, e non di *texture*, quando si immagina un oggetto.

2.3.1. *Tab Material*

Per assegnare un materiale ad un oggetto (solitamente una *mesh*, ma è possibile assegnare un materiale anche a una curva, una superficie, un testo o una *metaball*) è sufficiente, selezionato l'oggetto, cliccare sul tasto *New* del *tab Material* della finestra *Properties*.

fig. 16 aggiungere un materiale ad un oggetto

A un determinato oggetto possono essere applicati uno o più materiali. Per aggiungere uno o ulteriori materiali, occorre cliccare sul tasto + (così come un materiale può essere rimosso cliccando sul tasto -) e assegnarlo alle facce selezionate con il tasto *Assign*.

Una volta aggiunto un materiale, il *tab Material* si presenterà più completo e diviso in differenti pannelli, all'interno dei quali sarà possibile aggiungere componenti e specificare caratteristiche e comportamenti di ombreggiatori, ombre ed altre opzioni.

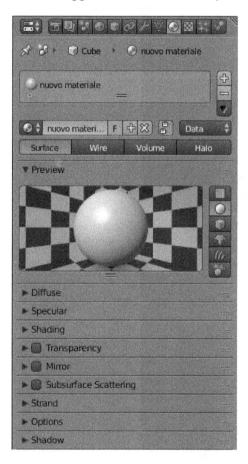

fig. 17 il *tab Material*

In alto è possibile rinominare il materiale oppure richiamarne uno esistente cliccando nell'icona a tendina sulla sinistra del nome.

Nella finestra *Outliner* verrà associato il materiale nella cascata relativa all'oggetto selezionato.

Appare evidente la struttura dell'oggetto *Cube*, la cui geometria è quella di una *mesh*, alla quale è applicato il materiale specifico.

fig. 18 la finestra *Outliner*

Tornando al *tab* Material, accanto al nome del materiale, vi sono tre piccoli pulsanti.

- il pulsante F sta per *Fake* (falso) e serve per creare un nuovo materiale partendo da quello selezionato. Alla pressione, alla sua sinistra comparirà un piccolo numero 2 che indicherà che si sta lavorando sulla creazione di un nuovo materiale rinominato come il precedente seguito da una numerazione nel formato .00x. È possibile creare nuove copie che si auto rinomineranno col numero progressivo;

- il pulsante + aggiunge un nuovo materiale vuoto;

- il pulsante X scollega il materiale (ma non lo elimina dal progetto) dall'oggetto selezionato.

Subito sulla sinistra troviamo il pulsante *Nodes* che serve a utilizzare il sistema dei nodi per renderizzare il materiale. Questo

26

sistema, molto più complesso e più performante, verrà però spiegato dettagliatamente abbinato al motore di *rendering Cycles.*

fig. 19 la finestra *Node Editor*

Per ora basti sapere che il sistema dei nodi è un metodo grafico di rappresentazione della *pipeline* dei componenti dei materiali, molto simile allo schema precedentemente rappresentato per descrivere il materiale standard.

Il pulsante a menu *Link* assegna il materiale all'oggetto o ai suoi elementi geometrici a secondo se impostato come *Data* o *Object*.

Proseguendo, troviamo 4 pulsanti a *switch.*

- *Surface* farà in modo che l'oggetto verrà renderizzato come un solido, visualizzandone quindi le superfici a vista;

- *Wire* consentirà la renderizzazione degli spigoli, assegnando a questi il materiale;

- *Volume* permetterà la renderizzazione dell'oggetto considerandolo un volume, opzione attivabile soltanto per oggetti chiusi;

fig. 20 da sinistra verso destra: rappresentazione del rendering di un oggetto in modalità *Surface, Wire, Volume, Halo*

27

- *Halo* (assegnabile solo a una *mesh*) farà sì che i vertici appaiano in renderizzazione come punti luminosi.

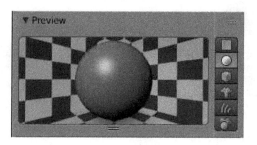

fig. 21 il pannello *Preview*

Il pannello sottostante è detto **Preview** e contiene un riquadro in cui è possibile visualizzare preventivamente l'effetto del materiale su cui si sta lavorando. Tale *preview* si aggiorna in tempo reale nella modifica delle opzioni.

Sulla destra del riquadro vi sono 6 icone che consentono di avere la *preview* del materiale rispettivamente su una superficie piana, su una sfera, su un cubo, su una *Monkey* (geometria complessa), su un sistema particellare di tipo *hair* (che vedremo nel terzo volume) e su una sfera illuminata da un cielo in *background*.

A seconda dell'oggetto sul quale si sta applicando il materiale, è possibile scegliere il sistema di *preview* più simile.

fig. 22 opzioni di visualizzazione del materiale sugli oggetti

Il pannello **Diffuse** contiene tutte le informazioni relative al colore (o ai colori) che quel materiale diffonde.

Com'è noto, una luce incidente su un oggetto viene scomposta in tre componenti: una parte che viene assorbita, una parte che viene (eventualmente) trasmessa e una parte che viene

28

restituita all'ambiente (e che determina appunto la diffusione e altri parametri come la riflessione).

Il materiale assorbirà quindi una parte dei colori e ne restituirà altri, quelli che effettivamente noi vediamo.

Un oggetto nero, ad esempio, assorbirà tutti i colori della gamma e non ne diffonderà nessuno, mentre un oggetto bianco non assorbirà nulla e diffonderà tutti i colori (dando come effetto il bianco, appunto).

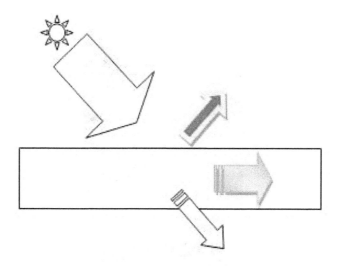

fig. 23 scomposizione della luce incidente su un oggetto

fig. 24 il pannello *Diffuse*

Cliccando nella prima casella, si aprirà la tavolozza che permetterà di scegliere il colore base del materiale, secondo i parametri RGB, HSV o HEX (esadecimale), oppure cliccando all'interno del cerchio e scegliendo il colore manualmente.

Il contagocce è utile per associare un colore esterno alla tavolozza.

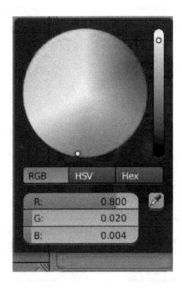

fig. 25 la tavolozza

fig. 26 algoritmi di ombreggiatura

30

Il menu a tendina sulla sinistra permette di scegliere il metodo di ombreggiatura (*shader*) del diffuse tra alcuni algoritmi predefiniti: *Lambert, Oren-Nayar, Toon* (*cartoon*), *Minnaert* e *Fresnel*.

fig. 27 effetto degli algoritmi di ombreggiatura. Da sinistra verso destra: *Lambert, Oren-Nayar, Toon, Minnaert* e *Fresnel*

- Il primo (*Lambert*), di *default*, è molto semplice e gestisce un passaggio morbido tra i punti in ombra e quelli illuminati;

- *Oren-Nayar* influisce in modo più preciso su superfici rugose, il cui valore è determinato dal parametro *Roughness*;

- *Toon* simula un *rendering cartoonistico*, in stile 2D, con ombre e colpi di luce netti e non sfumati;

- *Minnaert* è molto simile a *Lambert*. È stato aggiunto il parametro *Darkness* per la regolazione delle aree eccessivamente illuminate;

- *Fresnel* tiene conto dell'indice di rifrazione IOR, che simula in modo molto realistico il comportamento della riflessione in base all'angolo di incidenza della luce e del punto di vista. Per angoli molto acuti rispetto alla superficie irradiata, la riflessione sarà alta, mentre per angoli ottusi la superficie tenderà a riflessioni inferiori.

A seconda dell'algoritmo scelto possono aggiungersi alcuni parametri dedicati come la dimensione (*Size*), la ruvidità (*Roughness*) o come l'indice di rifrazione (*IOR*).

Il cursore *Intensity* (da 0 a 1) definisce l'intensità, la forza con cui il colore viene applicato sull'oggetto.

La spunta *Ramp* attiva un gruppo di parametri.

Ramp permette di aggiungere dei colori allo *shader* e di disporli secondo una sequenza sfumata.

fig. 28 parametri associati a *Ramp*

Il pulsante successivo, rappresentato da due freccette opposte, (*Flip*) specchia la sequenza dei colori.

Di seguito sono presenti due menu a tendina tra essi connessi.

Nel primo è possibile scegliere la modalità di interpolazione fra i colori (*RGB, HSV* e *HSL*) le quali modificano le opzioni del secondo menu, che definisce secondo quale percorso l'interpolazione deve avvenire.

- In modalità *RGB*, è possibile scegliere tra Ease, Cardinal, Linear, *B-Spline* e *Constant*;

- In modalità *HSV* e *HSL* tra *Near*, *Far*, *Clockwise* e *Counter-Clockwise*;

La posizione delle tacche rappresentanti i colori può essere variata manualmente (trascinando le tacche lungo la *Color Ramp* sottostante), oppure, selezionando il colore nel contatore *Index*, è possibile modificarla numericamente inserendo il valore o trascinando il cursore *Pos*.

fig. 29 il menu *Blend* della *Color Ramp*

Sulla destra si può definire il colore relativo alla tacchetta o all'indice selezionati, aprendo una tavolozza.

Proseguendo, troviamo due menu a tendina *Input* e *Blend*. Il primo offre 4 opzioni secondo le quali viene definito in che modo il *Color Ramp debba* agire sull'oggetto (*Shader*, Energy, Normal, *result*); il secondo definisce le scelte per il metodo di fusione dei colori sulla *Color Ramp* (vedi immagine), il cui fattore viene impostato nel cursore *Blend Factor*.

Al diffuse è possibile inoltre applicare una *texture*. Vedremo in seguito come fare.

Il pannello **Specular** gestisce i parametri relativi all'omonimo ombreggiatore.

Questo *shader* rappresenta quella parte della luce riflessa da un oggetto visibile come un punto luminoso, più o meno grande e più o meno definito.

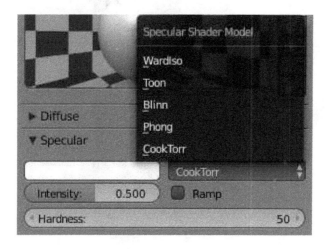

fig. 30 il pannello *Specular*

34

Non si tratta quindi, a dispetto del nome, di una *specchiatura*, tipica dei vetri opachi e degli specchi.

Questo punto luminoso sarà quanto più definito e netto quanto più la superficie dell'oggetto sarà liscia e uniforme. Risulterà invece sfocato e sfumato in caso di superficie ruvida, come, ad esempio, un metallo satinato, anodizzato o sabbiato.

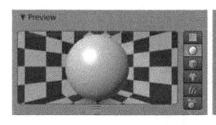 

fig. 31 l'intensità dello *Specular* determina effetti di superfici lisce e riflettenti (a sinistra) con valori alti e ruvide e meno riflettenti con valori bassi

L'esempio più classico è quello di un metallo cromato, la cui nitidezza sarà massima, rispetto ad un alluminio anodizzato, in cui la micro rugosità riflette la luce in modo più morbido e uniforme.

Anche sullo *Shader Specular* può essere impostato un colore specifico, scelto con la tavolozza, mentre l'intensità può essere definita nel cursore *Intensity* (da 0 a 1).

Il contatore *Hardness* determina la dimensione del punto di luce, mentre la spunta *Ramp* attiva gli stessi comandi visti precedentemente per il *Diffuse*.

Il menu *Specular Shader Model* consente infine di scegliere il tipo di ombreggiatore *Shader*, scegliendolo tra 5 diversi algoritmi:

- *Cook Torr* (*Cook - Torrance*) è indicato per superfici lisce come pelle e plastica;

- *Phong*, storico ombreggiatore nell'ambito della *computer grafica*, si adatta a materiali lisci di natura plastica o, meglio ancora, metallica;

35

- *Blinn* è simile ai precedenti ma aggiunge un controllo sull'indice di rifrazione (IOR) al posto del contatore *Hardness*, offrendo una riflessione decisamente più realistica;

- *Toon*, di solito accompagnato dal *Diffuse Toon*, impone un punto di riflessione netto e definito, tipico della grafica 2D e *cartoonistica*. I parametri *Size* e *Smooth* definiscono rispettivamente le dimensioni e la nitidezza del punto luminoso;

- *WardIso*, infine, è uno *shader* molto utile per creare riflessioni molto definite a materiali metallici. Il parametro aggiunto *Slope* consente di regolare il punto di luce in modo più complesso e meno uniforme nella smussatura.

fig. 32 da sinistra verso destra, i 5 modelli *Specular*: CookTorr, Phong, Blinn, Toon e WardIso

Il pannello **Shading** aggiunge ulteriori opzioni, slegate a *Diffuse* e a *Specular*, all'ombreggiatura generale del materiale.

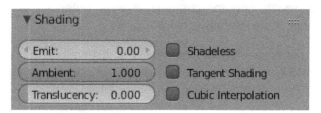

fig. 33 il pannello *Shading*

- *Emit* rende l'oggetto emettitore di luce propria secondo il valore definito dal contatore. E' utile per creare fonti luminose come lampadine o per posizionare nella scena pannelli luminosi ausiliari;

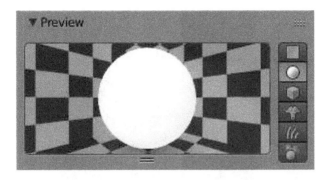

fig. 34 l'effetto *Emit* genera una fonte di illuminazione

- *Ambient* definisce in che quantità l'ambiente della scena illuminerà l'oggetto;

- *Translucency* assegna una luminosità ai margini della superficie dell'oggetto non perpendicolare alla vista corrente o all'inquadratura;

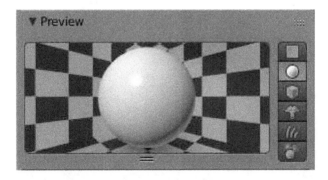

fig. 35 la traslucenza illumina le superfici marginali rispetto alla vista corrente

- *Shadless*, se spuntato impedisce a luci e ombre di influire sull'oggetto;

- *Tangent Shading*, utile per materiali metallici, simula l'effetto di anisotropia, rendendo la diffusione differente nei vari punti della superficie;

- Cubic Interpolation rende più morbidi i passaggi cromatici tra le zone in ombra e le zone illuminate.

fig. 36 *Cubic Interpolation* rende meno netto il passaggio tra le zone illuminate e quelle in ombra

Il pannello **Transparency** contiene i parametri per aggiungere agli *shader* standard una trasparenza.

fig. 37 il pannello *Transparency*

38

Come abbiamo visto in precedenza, una parte della luce incidente su un oggetto viene riflessa, altra assorbita.

Alcuni materiali, tuttavia, hanno una ulteriore capacità, quella di farsi attraversare parzialmente o interamente dalla luce.

È il caso del vetro, del ghiaccio, di molti fluidi, dei materiali plastici semitrasparenti, di alcuni tessuti, pelle etc.

Blender è in grado di renderizzare un materiale trasparente in tre modi, da scegliere nello *switch* superiore del pannello *Transparency*.

- *Mask*, agendo sui parametri *Fresnel* e *Blend*, rende l'oggetto parzialmente o totalmente invisibile, mostrando lo sfondo della scena;

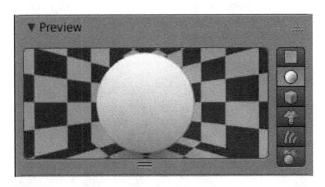

fig. 38 trasparenza con il metodo *Mask*

- *Z Transparency* regola la trasparenza dell'oggetto in funzione della vista corrente o della camera (ricordiamo che Z è l'asse normale all'inquadratura della camera), utilizzando l'algoritmo *alpha buffer* e rendendo l'oggetto invisibile o semi invisibile, con la possibilità, tuttavia di aggiungere un'ombreggiatore *Specular*, che sarà attivo, a differenza di *Mask*, e che rende la trasparenza più realistica, benché molto semplice;

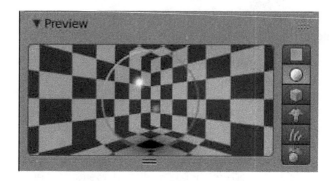

fig. 38 trasparenza con il metodo *Z Transparency*

- *Raytrace* simula invece il realistico percorso della luce che attraversa il mezzo, ottenendo deformazioni dello sfondo secondo la curvatura dell'oggetto, trasparenza e riflesso maggiori o minori secondo l'indice di rifrazione e altri parametri che analizzeremo di seguito.

fig. 38 trasparenza con il metodo *Z Raytrace*

I primi due metodi dispongono di 4 parametri comuni:

- *Alpha* che determina la trasparenza del materiale;

- *Specular* che regola la trasparenza in funzione delle luci;

- *Fresnel* gestisce la trasparenza in funzione dell'incidenza della luce;

40

- *Blend* determina l'incidenza del parametro *Fresnel*.

Altri parametri si attivano selezionando la modalità *Raytrace*:

- *IOR* (*Index of* Refraction) simula il percorso della luce e genera distorsioni a seconda dell'angolo di incidenza;

- *Filter* permette di miscelare la trasparenza con il *Diffuse* in modo da bilanciare i due *shader*. Il parametro varia da 0 a 1 dove 0 indica la sola trasparenza e 1 la sola diffusione;

- *Limit* determina l'opacità del materiale per valori maggiori di 0;

- *Falloff* determina la quantità di assorbimento della luce incidente da parte del materiale trasparente;

- *Depth* controlla il numero massimo di rifrazioni, vale a dire il numero dei passaggi dei raggi luminosi attraverso il materiale;

- *Gloss* aggiunge una lieve sfocatura in modo da rendere la trasparenza non totale. Il valore *Amount* (da 0 a 1) determina la quantità di sfocatura, mentre *Threshold* e *Samples* rispettivamente la soglia degli elementi che contribuiscono all'effetto di sfocatura e il numero dei campioni di disturbo.

> **NOTA: L'indice di rifrazione (IOR) è un valore superiore a 1 proprio di ogni materiale (1 = IOR dell'aria). È possibile recuperare su internet tabelle riassuntive degli indici relativi ai più svariati materiali.**

Una componente di ombreggiatura molto importante si trova nel pannello **Mirror**.

Associato allo *Specular*, *Mirror* restituisce una vera e propria riflessione degli oggetti circostanti, dell'ambiente e delle fonti luminose.

41

Questa specchiatura apparirà certamente più netta e definita per superfici lisce e più diffusa per superfici ruvide o non riflettenti.

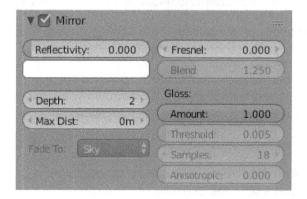

fig. 41 il pannello *Mirror*

fig. 42 *Mirror* applicato agli oggetti nella scena. Si noti come sulla superficie della *Monkey* si specchi la sfera rossa, sua volta riflettente

Questo ombreggiatore è assai utile e presente in moltissimi materiali, più o meno intenso. È largamente usato per rappresentare superfici specchiate, cromate, laccature lucide o in genere altamente riflettenti.

Vediamo quali sono i parametri.

- *Reflectivity* è un cursore che regola quanto il materiale sia riflettente, ovvero quanto gli oggetti esterni verranno specchiati sulla superficie riflettente. È possibile definire il colore della riflessione con la tavolozza sottostante;

- *Fresnel* gestisce la riflessione in funzione dell'incidenza della luce;

- *Blend* determina l'incidenza del parametro *Fresnel*;

- *Depth* definisce il numero massimo dei rimbalzi della luce fra superfici riflettenti;

- *Max Dist* definisce la distanza massima entro la quale un oggetto o un raggio di luce verrà riflesso sulla superficie riflettente. Superata tale distanza la riflessione si farà sempre più sfumata;

- il menu a tendina *Fade To* definisce, scegliendo fra *Sky* (*background*) o *Material* in che modo e su cosa sfumerà la riflessione sulla superficie;

I parametri *Gloss* sono:

- *Amount* che determina la definizione dell'immagine riflessa sulla superficie (con 1 = definizione massima e 0 nessuna riflessione);

Per valori di *Amount* inferiori a 1 si attivano i seguenti parametri:

- *Threshold*, la soglia oltre la quale vengono esclusi dal calcolo della riflessione determinati raggi di luce e immagini;

- *Sample*, il numero di campioni. Maggiore sarà questo valore, maggiore sarà la definizione della riflessione e maggiore i tempi di calcolo; e viceversa;

- *Anisotropic*, effetto di anisotropia, tipico del metallo, alla riflessione. Il cursore consente un valore da 0 (nessun effetto) a

1 (massimo effetto). Lavora insieme al parametro *Tangent Shading* del pannello *Shading*.

L'ombreggiatore **Subsurface Scattering** offre un effetto veramente interessante e realistico, tipico delle proprietà di alcuni materiali.

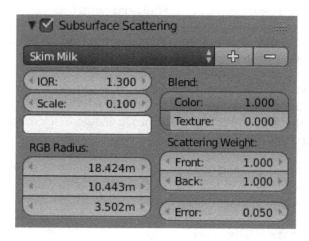

fig. 43 il pannello *Subsurface Scattering*

Questo effetto determina, come avviene naturalmente per il *Diffuse* una dispersione della luce al di sotto della superficie, penetrando leggermente nell'oggetto opaco ottenendo una sorta di semitrasparenza alla radiazione.

Vi sono diversi esempi nella realtà: la cera, la pelle, il marmo, un budino...

Provate a guardare il palmo della vostra mano attraversato da una fonte luminosa.

Vediamo di seguito quali sono i parametri di regolazione di questo realistico ombreggiatore.

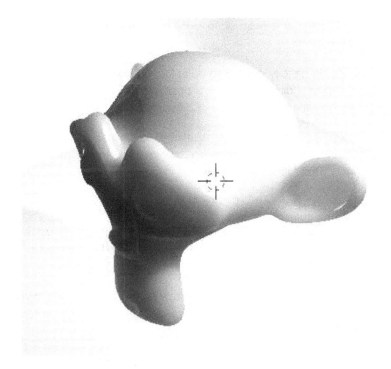

fig. 44 l'irradiazione luminosa penetra nella superficie

Una volta attivata la spunta dell'ombreggiatore, si attivano i parametri di regolazione.

- il menu a tendina *Execute a Preset* offre 10 *preset* già preimpostati di superfici che producono questo effetto: *apple, chicken, cream, ketchup, marble, potato, skim milk, skin 1, skin 2, whole milk.*

fig. 45 i 10 *preset* del *Subsurface Scattering*

Con i tasti + e -, è possibile aggiungerne di nuovi e eliminare quelli esistenti.

- *IOR* incide nel decadimento della luce incidente alla superficie, in modo direttamente proporzionale alla densità e inversamente proporzionale al decadimento;

- *Scale* è importante per definire le dimensioni di scala dell'oggetto secondo l'unità di misura impostata e la conseguente riuscita dell'effetto;

- la tavolozza permette di definire il colore dell'effetto;

- i parametri *Blend* impostano la quantità dell'effetto (*Color*) e la quantità di fusione tra l'effetto e la *texture* superficiale dell'oggetto (*Texture*);

- I tre contatori *RGB Radius* definisce la quantità di luce divisa nelle tre componenti rosso, verde e blu, verrà emessa nell'effetto globale;

- i due parametri *Scattering Weight* definiscono la quantità di luce frontale (*Front*) rispetto all'oggetto lo attraversa e viene diffusa nell'area retrostante e la quantità di luce che colpisce l'oggetto sulla superficie non visibile (*Back*) lo attraversa rendendosi visibile nella parte frontale;

- *Error Tolerance* controlla la tolleranza per la precisione dell'algoritmo. Si consiglia di non utilizzare valori elevati in quanto possono verificarsi artefatti.

Il pannello **Strand** si concentra sulla renderizzazione di materiali composti da filamenti (peli, ad esempio). Daremo una rapida panoramica dei principali parametri di questo pannello, rimandando tuttavia la trattazione più avanti, quando ci occuperemo dettagliatamente del *Particle System*.

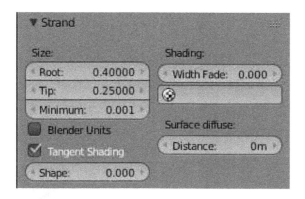

fig. 46 il pannello *Strand*

- i parametri *Size* determinano le dimensioni del filamento alla radice e in sommità;

- *Shading* definisce il materiale e la *texture* applicata ai filamenti.

Il pannello **Options** definisce alcuni parametri aggiuntivi agli ombreggiatori assegnati al materiale.

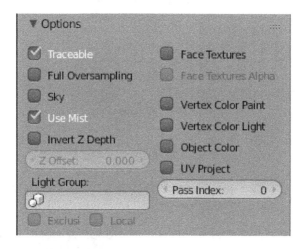

fig. 47 il pannello *Options*

47

Questo pannello è dotato di una serie di opzioni da attivare o disattivare (spunte) e nello specifico:

- *Traceable* visualizza per il calcolo del *raytracing* il materiale assegnato all'oggetto (impostato attivo di *default*);

- *Full Oversampling* forza il motore di *rendering* a utilizzare un campionamento massimo di 16 *samples*;

- *Sky* rende il materiale totalmente invisibile, consentendo la visualizzazione dello sfondo;

- *Use Mist* attiva l'effetto della foschia, se presente e definita nel *tab World* (vedi in seguito);

- *Invert Z Depth* inverte la renderizzazione delle facce in modo inverso rispetto alla metodologia di base;

- *Light Group* assegna un gruppo di luci che illumineranno il materiale, al di là dell'illuminazione globale della scena. Le spunte *Exclusive* e *Local* si attivano solo con l'assegnazione di un gruppo di luci e rendono il gruppo di luci selezionato esclusivo per l'illuminazione dell'oggetto;

- *Face Texture* rimpiazza il colore di base dell'oggetto con una mappatura secondo le coordinate *UV*;

- *Face texture Alpha* si attiva solo se attivato anche il precedente e rimpiazza il canale *alpha* dell'oggetto con una mappatura secondo le coordinate *UV*;

- *Vertex Color Paint* rimpiazza il colore di base dell'oggetto i colori definiti in un *Vertex Color Paint*;

- *Vertex Color Light* aggiunge vertici colorati come fonte di illuminazione addizionale;

- *Object Color* ottiene un risultato di renderizzazione dell'oggetto pre colorato;

48

- *UV Project* controlla e corregge l'interpolazione della mappatura *UV* in base all'inquadratura;

- *Pass Index* assegna un numero (indice) al materiale, funzione questa utile per i *Render Layer* (vedi in seguito).

L'ultimo pannello, **Shadow**, contiene le impostazioni relative alla gestione globale delle ombre sull'oggetto.

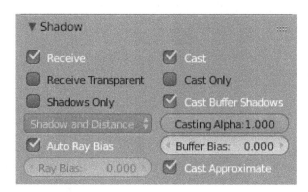

fig. 48 il pannello *Shadow*

- *Receive* permette all'oggetto ricevere su se stesso le ombre proiettate da altri oggetti;

fig. 49 attivando su *Monkey Receive Transparent*, l'ombra della sfera trasparente verrà proiettata sulla sua superficie

- *Receive Transparent*, da utilizzare con le opzioni del pannello *Transparency*, permette all'oggetto di ricevere la proiezione delle ombre provenienti da oggetti trasparenti o semitrasparenti;

- *Shadows only* rende visibili solo le aree ombreggiate dell'oggetto, rendendo a loro volta invisibili le altre, secondo le tre opzioni del menu a tendina *How to Draw Shadow*;

- *Autoray Bias* corregge eventuali errori di *raytracing*;

- *Cast* (attivato di *default*) consente al materiale e all'oggetto di proiettare ombra;

- *Cast Only* rende invisibile l'oggetto e unicamente visibile la sua ombra proiettata;

- *Cast Buffer Shadows* permette al materiale di proiettare ombra se illuminato da una finte di illuminazione di tipo *Spot* che faccia uso delle *Buffered Shadows*;

- *Casting Alpha* regola la quantità di proiezione dell'ombra di oggetti con parti trasparenti;

- *Buffer Bias* moltiplica l'intensità dell'ombra proiettata, relativamente dall'opzione *Cast Buffer Shadow*;

- *Cast Approximate* regola la proiezione delle ombre in caso di uso dell'*Ambient Occlusion* (vedi in seguito).

 ESERCIZIO N. 1: PROVE SUI MATERIALI

In questo primo esercizio proveremo a realizzare alcuni materiali, con il semplice uso degli *shader* e senza ricorrere alle *texture*, che vedremo nel prossimo capitolo.

Inseriamo nella 3D view una sfera, con lo *Smooth* applicato, e posizioniamola all'interno di un ambiente a quattro facce (un pavimento, un soffitto e due pareti), realizzato con un cubo dal quale elimineremo uno degli spigoli verticali.

Ricordiamoci, in *Edit Mode* di invertire le normali del cubo vero l'interno.

Illuminiamo quindi la scena con una lampada *Sun* impostando l'intensità (*Energy*) a 1.

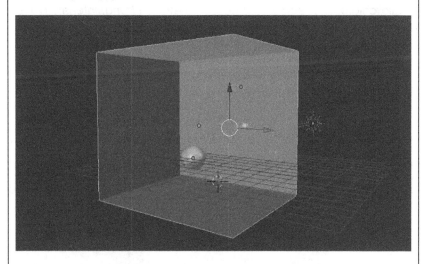

fig. 50 la scena oggetto dell'esercitazione

Nel *tab Lamp*, inoltre, nel pannello *Shadow* alziamo il parametro Soft *Size* a 5 per ammorbidire l'ombra.

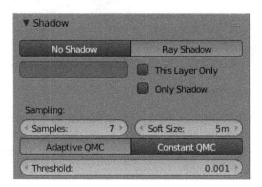

fig. 51 aumentando il raggio *Soft Size* nel pannello *Shadow*, l'ombra apparirà più morbida

Selezioniamo l'ambiente e assegniamo un nuovo materiale che rinomineremo *ambiente*. Entriamo nel pannello Diffuse e impostiamo un bianco nella tavolozza.

Selezioniamo poi la sfera e impostiamo un *Diffuse* di colore grigio chiaro, lo *Specular* bianco con metodo *Phong*, *Intensity* a 1 e *Hardness* a 150. Attiviamo quindi la spunta su *Mirror* e impostiamo la *Reflectivity* a 0.6, il *Fresnel* a 2 e il *Blend* a 1.5.

Posizioniamo infine la camera in modo di ottenere una buona inquadratura e lanciamo il *rendering* con F12.

Il risultato sarà quello di una sfera di un materiale lucido, molto liscio e abbastanza riflettente, simile alla porcellana.

fig. 52 il rendering della sfera in porcellana

Selezioniamo ora la sfera e modifichiamo i parametri *Intensity* e *Hardness* rispettivamente a 0.2 e a 20. Nel pannello *Mirror*, abbassiamo a 0.8 la *Reflectivity* e regoliamo *Fresnel* e *Blend* rispettivamente a 0.3 e 0.8.

Abbassiamo poi il valore *Amount* a 0.7 impostando il *Threshold* a 0.5.

Infine assegniamo *Material* al menu *Fade To* per evitare che il *background* influisca sulla riflessione.

Lanciamo il *rendering*. Otterremo una sfera semiopaca, di un materiale simile all'alluminio anodizzato.

fig. 53 il rendering della sfera in alluminio

Provate a giocare con i valori, simulando altri materiali di uso comune (specchio, cromo, vetro, pelle...).

2.4. Texture

2.4.1. Generalità

Fino a questo punto abbiamo considerato un materiale come un insieme di componenti, la cui principale, il *Diffuse* che fornisce la colorazione del materiale di un oggetto, di tipo monocromatico.

Ma, come abbiamo già avuto modo di comprendere, per *Diffuse* no si intende semplicemente il colore, o meglio un solo colore, bensì un complesso numero variazioni cromatiche (per cui un solo colore ne riassume una casistica particolare).

Questo complesso numero di variazioni cromatiche è detto **texture**.

Immaginiamo, ad esempio, le venature del legno, piuttosto che una successione sequenziale di piastrelle, mattoni, una trama di un tessuto o del cuoio.

fig. 54 *texture* di mattoni

Una *texture*, quindi, associata ad un *Diffuse* definisce quindi la colorazione principale del materiale.

Ciò nonostante, le *texture* possono essere utilizzate nei modi più svariati (e su questo tratteremo ampiamente nei capitoli successivi, specialmente quando parleremo di *Cycles*), ad esempio come fattore di posizionamento vettoriale dei vertici di una *mesh* (*bump* e displacement), o come fattore di missaggio fra un colore e un altro.

Generalmente le *texture* ad uso *bump* o ad uso di elemento fattoriale sono in scala monocromatica (scala di grigio) o bicromatica (per il *displacement*), in cui a determinati valori associati ad un colore viene applicato un effetto, piuttosto che un altro.

Oltre ad essere applicate alla superficie di un oggetto per definire le varie componenti del materiale e rispondere all'illuminazione, le *texture* possono essere applicate a sfondi.

Blender offre la possibilità di scegliere tra due principali famiglie di *texture*: le *texture immagine* che vengono caricate da un *file* grafico e le *texture procedurali*, generate dal programma grazie ad un complesso sistema di parametri.

Le *texture* possono infine essere associate a uno o più materiali.

Prima di proseguire il discorso, entrando nel dettaglio delle differenti tipologie di *texture* che possiamo inserire nel progetto in corso e associare a materiali e oggetti, è necessario anticipare due argomenti fondamentali: l'**Unwrapping** e le funzioni della finestra **UV/Image Editor**.

2.4.2. Unwrapping

Prima di tutto spiegheremo cosa si intende per scucire e perché è necessaria questa operazione quando si deve applicare una *texture* immagine a una *mesh*.

Per poter spiegare a Blender (e così come a Blender, anche a qualsiasi altro software di modellazione 3D) in che modo una *texture* deve essere applicata ad una superficie di un solido, è necessario che questo solido venga in qualche modo aperto e reso momentaneamente bidimensionale per poter essere sovrapposto e comparato con la *texture*.

Per eseguire questa operazione, spesso, soprattutto per solido complessi, la geometria resa bidimensionale apparirà deformata. Ma non preoccupatevi: in realtà la *mesh* non è stata modificata. Si tratta, di fatto, del processo concettualmente inverso dell'avvolgere la *mesh* con una fotografia che andrà ad adagiarsi in ogni sua parte.

Il metodo della *scucitura* è un artificio per semplificare un'operazione che su schermo sarebbe davvero ardua. Si ricorre quindi ad aprire la *mesh* e posizionarla su una superficie piana, applicandole la *texture*, per poi idealmente *ricucirla* con il vestito addosso.

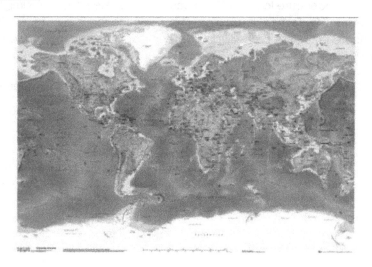

fig. 55 il planisfero

Pensate, ad esempio, al planisfero che è di fatto l'*unwrapping* del mappamondo.

In modo analogo, possiamo pensare di *scucire* alcuni spigoli di un cubo in cartoncino ottenendo un cubo svolto a forma di croce o di T.

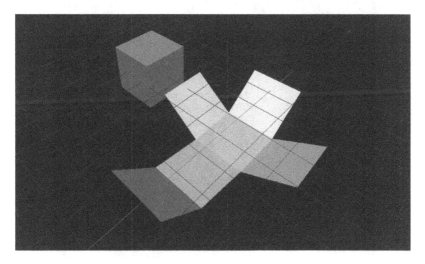

fig. 56 un cubo svolto (*scucito*)

Blender mette a disposizione diversi metodi per *scucire* una *mesh*.

per prima cosa bisognerà selezionare la *mesh* da *scucire*, entrare in *Edit Mode* con il tasto TAB, selezionare con A tutti i vertici (o, in casi specifici, selezionare soltanto i vertici relativi alle facce da *scucire*) e, con il puntatore del mouse sulla 3D view, digitare U, che sta per *Unwrap*.

Si aprirà un menu a tendina, dal quale sarà possibile scegliere la metodologia più indicata per la *scucitura* della *mesh*.

Descriviamo qui di seguito i 9 metodi con cui è possibile *scucire* una *mesh* o parte di essa..

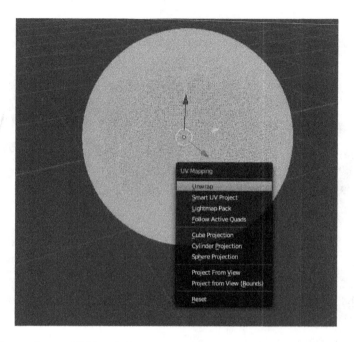

fig. 57 menu *Unwrap* (*UV Mapping*)

- **Unwrap** viene di solito utilizzato come metodo manuale, associato alla demarcazione di determinate linee di *scucitura*. Queste demarcazioni, già anticipate in precedenza, possono essere applicate agli spigoli selezionati grazie al comando CTRL + E (o aprendo il menu *Edge* dell'*header* della 3D view in *Edit Mode*) e scegliendo l'opzione **Mark Seam**. Lo spigolo demarcato si colorerà di rosso. Naturalmente è possibile eliminare la demarcazione di uno spigolo, selezionandolo e digitando CTRL + E, scegliendo quindi l'opzione **Clear Seam**. Demarcare una scucitura non è cosa semplice, bisogna ammetterlo. Occorre immedesimarsi nelle mani di un sarto che, con il gesso, segna sulla stoffa le linee guida di taglio. Per *scucire mesh* complesse sono spesso necessarie più linee di taglio, sapientemente scelte fra decine di soluzioni. Soltanto un po' di esercizio renderà, *scucitura* dopo *scucitura* l'operazione più semplice. Una volta demarcate le linee di taglio, in *Edit*

58

Mode, occorre selezionare con A tutti i vertici della *mesh*, digitare U, quindi scegliere l'opzione *Unwrap*. Per visualizzare le facce della *mesh* scucite secondo le linee di demarcazione, bisogna aprire una nuova finestra, scegliendo tra le varie possibilità, **UV/Image Editor.** In questa finestra è possibile visualizzare immagini e *mesh scucite* ad esse sovrapposte, selezionarne le facce, spostarne i vertici, visualizzare immagini renderizzate e altre funzioni legate alle immagini. Analizzeremo dettagliatamente questa finestra nel prossimo paragrafo.

fig. 58 il menu *Edges* dove sono presenti le opzioni di demarcazione degli spigoli *Mark Seam* e *Clear Seam*

59

 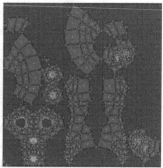

fig. 59 esempio di *scucitura* della *mesh* Monkey (a sinistra) con il *Mark Seam* e visualizzazione dei pezzi della *mesh scucita* nella finestra *UV/Image Editor*

- **Smart UV Project** è un metodo automatico di *scucitura* della *mesh*. Con questo metodo, Blender tenta di demarcare la *mesh* dopo averla analizzata e dopo aver avuto conferma di alcune opzioni, definite dall'utente nella finestra *Smart UV Project* che apparirà dopo la scelta del metodo e la conferma. Per solidi molto complessi e per mappature particolarmente precise, questo metodo non è consigliabile.

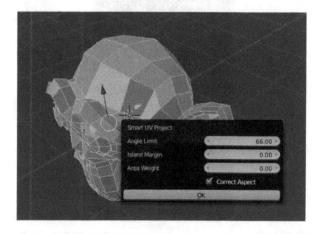

fig. 60 conferma delle opzioni di *scucitura Smart UV Project*

- **Lightmap Pack** impacchetta e ordina tutte le facce selezionate entro i limiti della *texture*, secondo le dimensioni definite dall'utente nella finestra che comparirà alla scelta dell'opzione. Generalmente questo metodo è più indicato per solidi molto semplici e regolari come cubi o parallelepipedi. Nella finestra è possibile scegliere quali facce debbano essere selezionate (*Selected mesh Object, All Faces, Selected Faces*), mappare tutto l'oggetto in un'unica *UV Map* (*Share Tex Space*), mappare l'oggetto in una nuova *UV Map* vuota (*New UV Map*) o in una nuova immagine (*New Image*). è possibile inoltre definire le dimensioni in *pixel* dell'immagine (*Image Size*), la definizione della *scucitura* (*Pack Quality*) e i margini da rispettare (*Margin*).

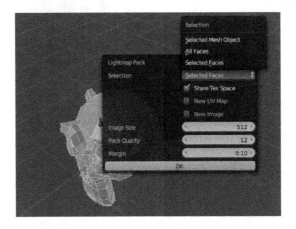

fig. 61 conferma delle opzioni di *scucitura Lightmap pack*

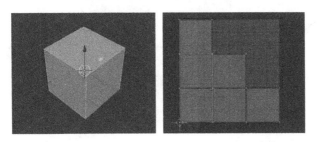

fig. 62 *Lightmap Pack* applicato su un cubo (a sinistra) e il risultato nella finestra *UV/Image Editor*

61

- *Follow Active Quads* consente di *scucire* la *mesh* seguendo un loop che parte o che segue una o più facce attive selezionate. Nella finestra di conferma è possibile scegliere 3 opzioni dal menu *Edge Lenght Mode*: Even posiziona tutte le facce uniformemente nella *UV/Image Editor*; Lenght posiziona le facce secondo la lunghezza degli spigoli della faccia attiva; Lenght *Average* secondo la lunghezza media degli spigoli del loop.

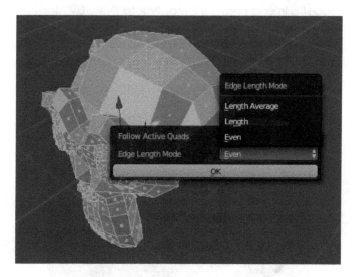

fig. 63 *Follow Active Quads*

- Specifico per solidi riconducibili al cubo o al parallelepipedo regolare, **Cube Projection** scuce la *mesh* proiettando tutti i vertici UV della mesh sulle 6 facce di un cubo e ottenendo nella *UV/Image Editor* una scomposizione delle facce regolare e ordinata. Questa opzione è utile e particolarmente adatta per forme cuboidi.

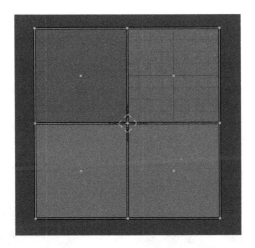

fig. 64 il risultato della *scucitura* di un cubo con *Cube Proiection*

- In modo analogo, **Cylinder Projection** *scuce* un oggetto di forma cilindrica. Perché tale metodo funzioni, l'operazione di *scucitura* deve essere applicata con il posizionamento del cilindro in piedi nella 3D view. Tutte le facce duella superficie cilindrica verranno disposte in modo equidistante nella *UV/Image Editor*. Si consiglia di *scucire* il cilindro per fasi (prima le facce rettangolari con il metodo *Cylinder Projection* e poi le facce circolari, viste dall'alto, con il metodo *Project from View* che vedremo in seguito.

fig. 65 il risultato della *scucitura* di un cilindro con *Cylinder Proiection*

63

- **Sphere Projection** applica ad una sfera la stessa metodologia usata per il cilindro. Un buon metodo per scucire una sfera (*UV Sphere*) è quello di deselezionare i due poli (i vertici superiore e inferiore), posizionare la *mesh* con vista frontale (con i due poli rivolti verso l'alto e verso il basso) e digitare U - *Sphere Projection*. Tutte le facce della sfera saranno proiettate sul piano della *UV/Image Editor* in modo da essere visualizzate equidistanti e uniformi, facili da mappare.

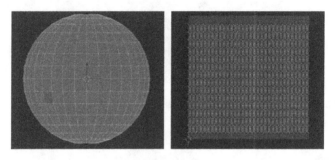

fig. 66 il risultato della *scucitura* di una sfera con *Sphere Projection*

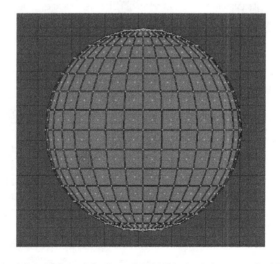

fig. 67 il risultato della *scucitura* della stessa fera in vista frontale con *project From View*

64

- **Project From View** è un metodo utilissimo quando si desidera mantenere inalterata e proporzionata la forma delle facce selezionate di una *mesh*. Ad esempio, si usa quando si deve mappare un pavimento, *scucito* con questo metodo in vista dall'alto, o, in generale, qualsiasi oggetto secondo la vista corrente. *Project From View*, di fatto proietta la vista corrente sulla *UV/Image map*.

- **Project From View (Bounds)**, infine, proietta secondo la vista corrente i vertici, gli spigoli e le facce della *mesh* sulla *UV/Image Map* e contemporaneamente li massimizza proporzionalmente rispetto ai margini della *texture* di riferimento.

2.4.3. La finestra *UV/Image Editor*

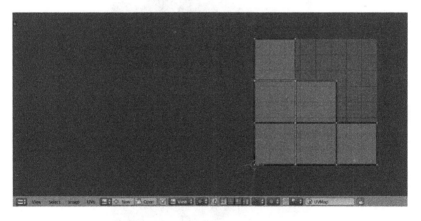

fig. 68 la finestra *UV/Image Editor*

Questa finestra, come detto precedentemente, è molto utile per gestire file di immagine, texture, sfondi e *mesh scucite*.

65

La finestra, come tutte le altre, è dotata di un *header* (di *default* posizionato nella parte inferiore) e di un'area di lavoro.

All'interno dell'area di lavoro è possibile visualizzare le immagini e, eventualmente, ad esse sovrapposte le *mesh* precedentemente *scucite*. perché i le *mesh scucite* e deformate secondo il metodo di *unwrapping* siano visibili è necessario che la *mesh* sia in modalità *Edit Mode* nella 3D view e selezionata. Nell'area di lavoro della finestra *UV/Image Editor*, infatti verranno visualizzati solo vertici, spigoli e facce selezionati nella 3D view.

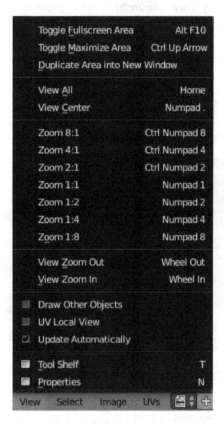

fig. 69 il menu *View*

66

Il menu **View** nell'header della finestra contiene tutti gli strumenti legati alla visualizzazione dell'immagine o del *VU Mapping* nell'area di lavoro, in modo del tutto analogo del menu presente nella 3D view.

- T e N aprono o chiudono le barre laterali **Tools Shelf** e **Properties** relative alla finestra *UV/Image Editor*, che analizzeremo alla fine del capitolo.

- **Update Authomatically** aggiorna il contenuto della finestra in modo automatico dopo le modifiche.

- **UV Local View** visualizza soltanto le facce dell'*UV Mapping* con l'immagine attualmente assegnata;

- **Draw Other Objects** mostra altri oggetti selezionati che condividono la stessa immagine e dell'*UV Mapping*;

- **View Zoom In** (WM avanti) e **View Zoom Out** (WM indietro) effettuano gli zoom dell'immagine;

- **Zoom 1:8, 1:4, 1:2, 1:1** (8-1 NUM), **2:1, 4:1, 8:1** (CTRL + 1-8 NUM) effettuano degli zoom predefiniti dell'immagine e dell'*UV Mapping*;

- **View center** (. NUM) centra e massimizza l'immagine e/o l'*UV Mapping* nell'area di lavoro;

- **View All** (Home) visualizza e riproporziona l'immagine e/o l'*UV Mapping* nell'area di lavoro;

- **Duplicate Area Into New Window** duplica l'area di lavoro in una nuova finestra;

- **Toggle maximize Area** (CTRL + FRECCIA SU) (vedi 3D view);

- **Toggle Fullscreen Area** (F10) (vedi 3D view).

67

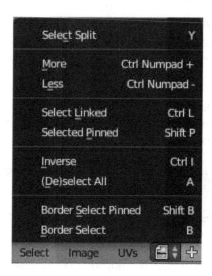

fig. 70 il menu *Select*

Il menu **Select** raccoglie le operazioni relative alla selezione, già analizzate dettagliatamente nel capitolo inerente all'*header* della 3D view. Si aggiunge la funzione *Select Split* (tasto Y) che consente di selezionare esclusivamente le facce separate dalle altre.

Il menu **Image** permette di:

- **New Image** (CTRL + N) crea una nuova immagine vuota nell'area di lavoro in cui inserire dimensioni e campionamento;

- **Open Image** (CTRL + O) apre un'immagine dal *browser*;

- **Read Render Layers** (CTRL + R) legge e rappresenta la corrente scena renderizzata, se presente;

- **Save All Images** salva le immagini presenti nell'area di lavoro;

- **Replace Image** sostituisce con un'altra l'immagine corrente;

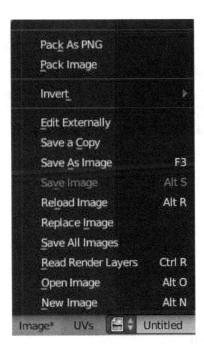

fig. 71 il menu *Image*

- **Reload Image** (ALT + R) ricarica e aggiorna l'immagine corrente;

- **Save Image** (F3) salva l'immagine corrente o il *render* appena effettuato;

- **Save a Copy** salva l'immagine corrente come copia di se stessa;

- **Edit Externally** consente di modificare l'immagine caricata in una applicazione di fotoritocco esterna a Blender;

- **Invert** apre un menu a tendina in cui è possibile scegliere di invertire interamente tutti i colori dell'immagine (*Invert Image Colors*) o separatamente solo i canali dei colori primari rosso, verde blu o la trasparenza (*Alpha*);

69

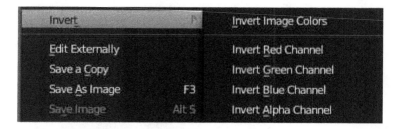

fig. 72 il sottomenu *Invert*

- **Pack Image** confeziona l'immagine come dato integrante del file *.blend;

- **Pack As PNG** confeziona l'immagine come dato integrante del file *.blend con estensione collegata di riferimento *.png.

Il menu **UVs** racchiude tutte le funzioni relative al *mapping*.

- **Snap to Pixels** aggancia la selezione al *pixel* più vicino durante l'editing UV;

- **Constrain to Image Bounds** vincola l'*editing* all'interno dei margini dell'immagine;

- **UV Sculpt** (Q) abilita nella *Tools Shelf* un pannello con i *brush* di scultura dedicato all'*editing* del *mapping UV*;

- **Live Unwrap** scuce in tempo reale la regione selezionata durante la trasformazione de vertici fissi (*pinning*);

- **Unwrap** (E) esegue l'*unwrapping* dell'oggetto editato;

- **Pin** (P) e **Unpin** (ALT + P) imposta o rimuove l'impostazione dei vertici selezionati come concatenati in differenti operazioni multiple di *unwrapping*, ossia quando determinati vertici fanno parte di diverse operazioni di *scucitura*, vedi ad esempio, la scucitura del cilindro;

70

fig. 73 il menu *Uvs*

- **Pack Islands** (CTRL + P) modifica automaticamente tutte le regioni in modo che riempiano quanto più possibile lo spazio disponibile dell'immagine;

71

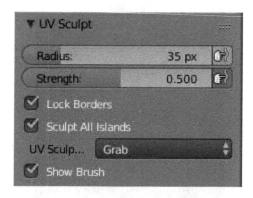

fig. 74 il pannello *UV Sculpt*

- **Average Island Scale** (CTRL + A), basandosi sule effettive dimensioni delle facce, regola e fa una media delle dimensioni delle aree (isole) risultanti dell'*UV Mapping*;

- **Minimize Stretch** (CTRL + V) riduce, a seguito dell'*unwrapping*, lo stiramento delle isole e impedisce che si formino angoli troppo acuti;

- **Stitch** (V) cuce e due vertici selezionati a seconda della vicinanza;

- **Mark Seams** (E), vedi sopra;

- **Seams From Islands** imposta le scuciture della *mesh* secondo la disposizione dell'*UV Mapping*;

- **Copy Mirrored UV coords** copia le coordinate specchiate lungo l'asse delle x basandosi su una *mesh* a sua volta specchiata;

- i menu **Transform** e **Mirror** contengono gli stessi strumenti di trasformazione previsti per gli oggetti e glie elementi della 3D view;

- **Snap** (SHIFT + S) attiva un menu molto relativo allo *snap* tra cursore e *pixel* dell'*UV Mapping*;

72

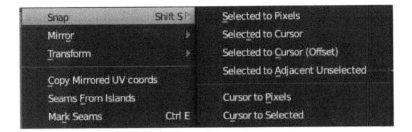

fig. 75 il sottomenu *Snap*

- **Weld/Align** (W) attiva un sottomenu in cui si definiscono le modalità di allineamento dei *pixel* dell'*UV Mapping* e l'eventuale rimozione dei doppioni;

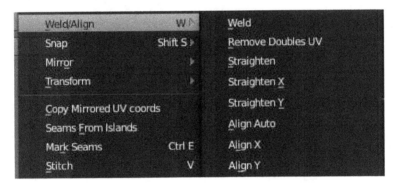

fig. 76 il sottomenu *Weld/Align*

- **Proportional Editing, Proportional Editing Falloff** e **Show/Hide Faces** offrono le stesse funzioni già analizzate per l'*editing* proporzionale e la visualizzazione degli oggetti;

- **Export UV Layout**, infine, esporta su un *file* esterno il *layout* dell'*UV Mapping* corrente.

fig. 77 i comandi relativi all'importazione dei *files*

73

Proseguendo, sulla destra del menu *UVs*, troviamo una serie di comandi relativi all'importazione dei *files* nell'area di lavoro della finestra *UV/Image Editor*.

La prima icona apre un menu dal quale è possibile richiamare tutti i file immagine presenti o già caricati nella scena, siano essi *texture* o *render*.

La casella di testo permette di visualizzare e modificare il nome del *file* immagine.

F, + e X hanno le stesse funzioni già descritte precedentemente (duplicazione del *file* dal corrente, aggiunta nuovo *file*, eliminazione di un *file*).

L'icona tra il + e la X permette di scollegare il *file* (*unpack*) dal progetto, in modo da alleggerire il *file* *.blend* salvato.

fig. 78 altri comandi dell'*header*

L'icona con la puntina mostra l'immagine senza aver riguardo del *file* selezionato.

Di seguito il menu a tendina con la fotografia permette di caricare uno dei differenti tre tipi di immagine:

- *View*, visualizzazione di un *file* *immagine*;

- *Paint* attiva nella *Tools Shelf* i comandi per il *Paint* applicato all'*UV Mapping*. Il *Painting Mode* verrà spiegato in seguito;

- *Mask* attiva le impostazioni per il *Mask Editing*.

74

Di seguito troviamo l'icona che apre un menu relativo al metodologia di trasformazione (rotazione, scalatura e posizionamento) rispetto al *2D Cursor* dell'*UV Mapping*.

Il gruppo successivo pulsanti a icona attivano gli strumenti relativi al tipo di selezione e alla metodologia di trasformazione.

fig. 79 strumenti relativi alla selezione e la metodologia di trasformazione

Nel dettaglio:

- Il primo il pulsante a icona raffigurante una freccia e due vertici, se attivato, consente la selezione simultanea sia dei vertici relativi all'*UV Mapping* sia dei vertici geometrici della *mesh* a cui fanno riferimento;

- Il gruppo di 4 pulsanti successivo consente la selezione rispettivamente dei vertici, degli spigoli delle facce e delle intere isole dell'*UV Mapping* al fine di eseguire le trasformazioni (spostamento, rotazione e scalatura in modo di adeguare l'*UV Mapping* alla *texture* sottostante;

- L'icona a menu *Sticky Selection Mode* consente di scegliere la modalità di selezione degli elementi in qualche modo legati tra loro. Ad esempio *Shared Vertex* seleziona tutti i vertici legati nella geometria a quello selezionato nell'*UV Mapping*, mentre *Share Location* seleziona tutti i vertici che nella geometria presentano la stessa posizione e la stessa posizione/dimensione.

I pulsanti di seguito, in modo analogo a quelli corrispondenti presenti nell'*header* della 3D view, attivano le funzioni di *editing* proporzionale e di *snap*.

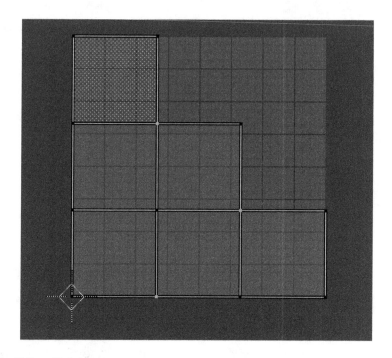

fig. 80 *Share Vertex*

Infine troviamo il pulsante *Active UVMap* che attiva l'*UVMap* nell'*editor* e il lucchetto, che aggiorna automaticamente tutti gli altri spazi della finestra interessata riflettendo i cambiamenti dovuti alle operazioni interattive come le trasformazioni.

fig. 81 i pulsanti *UVMap* e il lucchetto

Adesso che abbiamo analizzato le funzioni e le opzioni della finestra *UV/Image Editor* e spiegato come si *scuce* una *mesh* con l'*unwrapping*, entriamo nel merito delle *texture*, siano esse di tipo *image*, video o procedurale.

Tab texture: le *texture Image* e le *texture* procedurali

Vediamo ora come caricare una *texture* e come associarla a un materiale.

Selezioniamo ora un oggetto a cui è stato applicato un materiale ed entriamo nel *tab Texture* posto all'interno della finestra *Properties*.

Così come per i materiali, è possibile aggiungere al progetto in corso una *texture*, caricandola dal *browser* o creandola in modo matematico.

Cliccando su *New* si aggiungerà una nuova *texture* vuota.

L'icona alla sinistra del pulsante *new* attiva un menu dal quale, se già presenti, è possibile caricare *texture*.

fig. 82 il *tab Texture*

In modo analogo al materiale è possibile cambiare il nome della *texture* digitandolo nell'apposita casella, duplicarne una esistente per essere modificata cliccando sul tasto F, creare o eliminare una nuova *texture* cliccando rispettivamente su + o X.

77

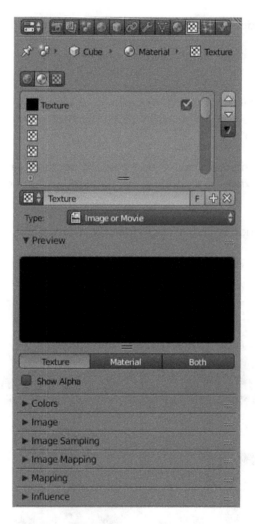

fig. 83 il *tab Texture* con una nuova *texture* aperta

NOTA: Aggiungendo più *texture* ad uno *shader* di un materiale, queste possono essere miscelate tra loro o funzionare come fattore di influenza su differenti parametri del materiale (colore, *displacement...*).

Il menu a tendina **Type** consente di scegliere il tipo di *texture* da caricare o dal quale partire.

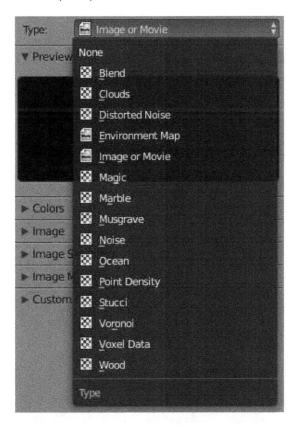

fig. 84 menu *Type*

È possibile scegliere se caricare da un *file* esistente una *texture* immagine o un filmato (*Image or* Movie), o una delle *texture* *procedurali* che descriveremo di seguito.

Ogni *texture* presenta una **preview** nell'omonimo pannello, in cui sono stati aggiunti tre pulsanti che permettono la visualizzazione della *texture*, del materiale e di entrambi contemporaneamente. La

79

spunta *Alpha* consente la pre visualizzazione del canale di trasparenza.

Blend genera una *texture* dalla sfumatura di due o più colori.

fig. 85 *texture* procedurale *Blend*

Nel pannello **Colors**, attivando *Ramps*, è possibile aggiungere, rimuovere o specchiare una *Color Ramps* di due o più colori. Il pannello e i parametri sono del tutto analoghi a quelli presenti nel menu *Diffuse*. È inoltre possibile agire sulla luminosità (*Brightness*), sul contrasto (*Contrast*) e sulla saturazione (*Saturation*), senza inficiare la qualità e il dettaglio della *texture* procedurale.

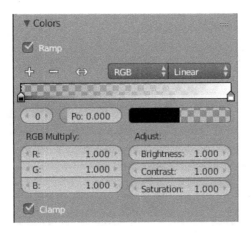

fig. 86 il pannello *Colors*

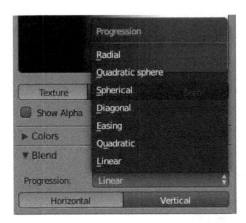

fig. 87 il pannello *Blend*

Nel pannello **Blend** si definisce la disposizione della rampa di colore (*Horizontal* e *Vertical*) e il modello progressivo (*progression*) nel menu a tendina che offre la scelta di 7 tipologie.

Il pannello **Mapping** contiene tutti i dati relativi alla mappatura della *texture* sulle facce dell'oggetto a cui è associata a mezzo del materiale. Mappare significa di fatto posizionare, scalare, ruotare una *texture* in modo che coincida correttamente e proporzionalmente.

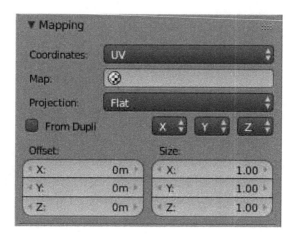

fig. 88 il pannello *Mapping*

- *Coordinates* apre un menu a tendina in cui sono presenti diversi sistemi di riferimento di coordinate secondo le quali la *texture* verrà applicata alle facce.

   - *Tangent* imposta come coordinate della *texture* i vettori tangenti alla *mesh*;

   - *Stress* calcola le coordinate in modo da risultare ottimizzate per *mesh* sottoposte a modifiche importanti con l'uso di modificatori;

   - *Reflection* utilizza i vettori della riflessione come sistema di coordinate;

   - *Normal* imposta le coordinate della *texture* secondo i vettori normali alle facce della *mesh*;

   - Window imposta le coordinate in modo che risultino sempre paralleli alla vista corrente;

   - *Sticky* impone alla *texture* un sistema di coordinate tale che la *texture* assuma la stessa forma della *mesh* proiettata su un piano dalla vista corrente;

82

- *Strand/Particle* applica la *texture* a un sistema particellare, se presente;

- *UV* utilizza il sistema di coordinate standard della *texture*;

- *Generated* (opzione di *default*) assume come sistema le coordinate native dell'oggetto su cui si applica la *texture*, senza deformazioni;

- *Object* utilizza come sistema di coordinate quello di un altro oggetto specificato nell'apposita casella di testo.

- *Projection* definisce il metodo di proiezione scelto tra *Sphere*, *Cube*, *Flat* e *Tube*.

- *Offset* definisce la posizione della texture sull'oggetto rispetto agli assi *x*, *y* e *z*.

- *Size* definisce la scalatura, quindi il ridimensionamento della *texture* rispetto all'oggetto, secondo le direzioni *x*, *y* e *z*.

L'ultimo pannello **Influence**, invece, racchiude tutte le opzioni di influenza della *texture* sul materiale.

Le spunte, divide per settori (*Diffuse*, *Shading*, *Specular* e *Geometry*) attivano o disattivano l'influenza della *texture* sui rispettivi parametri degli *shader* del materiale e della geometria della *mesh*.

Il menu a tendina *Blend* offre diverse soluzioni per cui la *texture* agisce sui vari parametri.

Negative inverte i colori della *texture* e *Stencil* permette di usare la *texture* come una maschera.

Bump Mapping, infine definisce in che modo la *texture* agirà come fattore di *displacement* sul materiale, se attivata almeno una delle spunte *Geometry*. Nello specifico, così come può agire sugli altri parametri degli *shader*, la *texture* farà da fattore di scala vettoriale per l'effetto di *displacement*, ossia di rilievo.

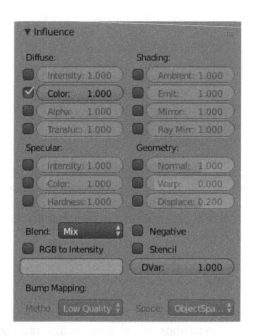

fig. 89 il pannello *Influence*

fig. 90 la *texture Blend* applicata ad una sfera

84

CLOUDS

Clouds è una *texture* procedurale molto usata che genera un effetto nuvolato o del rumore a seconda delle impostazioni.

Poiché, come specificato nella nota, tutti i pannelli sono comuni tra le *texture*, analizzeremo solo quello specifico denominato appunto *Cloud*.

Scegliendo tra *Grayscale* e *Color*, la texture nuvolata avrà una colorazione in scala di grigi o a colori.

Soft e *Noise* definiscono l'incidenza del rumore (*Noise*).

Basis definisce il tipo di rumore applicato alla *texture* scelto fra 10 soluzioni, come in figura, a seconda dell'effetto che si vuole raggiungere.

Size determina la scala, quindi le dimensioni, della mappatura sull'oggetto.

Nabla è un fattore moltiplicatore per le funzioni di *displacement*.

Depth definisce il livello di dettaglio dell'effetto.

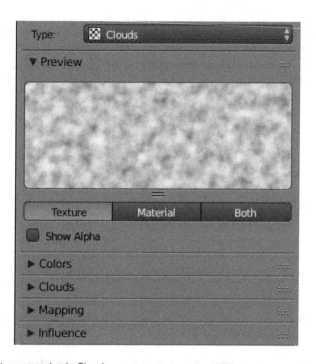

fig. 91 *texture* procedurale *Clouds*

fig. 92 il pannello *Cloud*

fig. 93 tipi di rumore (da sinistra verso destra): *Blender Original, Blender Perlin, Improved Perlin, Voronoi F1, Voronoi F2, Voronoi F3, Voronoi F4, Voronoi F2 . F1, Voronoi Crackle, Cell Noise*

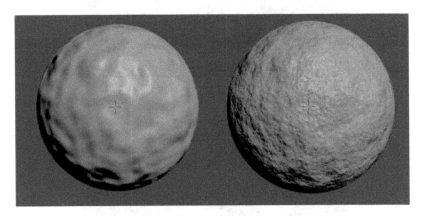

fig. 94 una *texture Clouds* applicata come colore e come *displacement* a una sfera con *Depth* impostato a 1 (a sinistra) e a 5 (a destra)

DISTORTED NOISE

Distorted Noise genera un disturbo simile a *Clouds* (i parametri sono molto simili).

Le due *texture* differiscono per il fatto che la seconda permette di operare con una distorsione dell'effetto nuvolato, in modo del tutto

87

analogo a *Clouds* e con la stessa scelta di varianti nei due menu *Noise Distortion* e *Basis*.

Nel pannello **Distorted Noise**, infatti, è presente il parametro *Distortion* al posto di *Depth*.

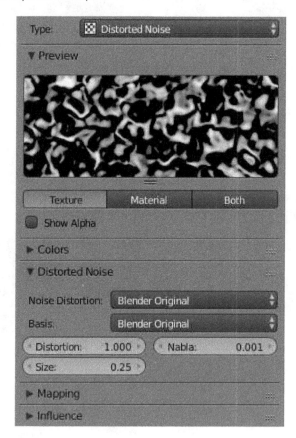

fig. 95 *texture* procedurale e pannello *Distorted Noise*

Impostato anche come *displacement*, questa *texture* genera un effetto molto interessante.

Provate a sperimentare, creando geometrie complesse e applicando la *texture Distorted Noise*.

88

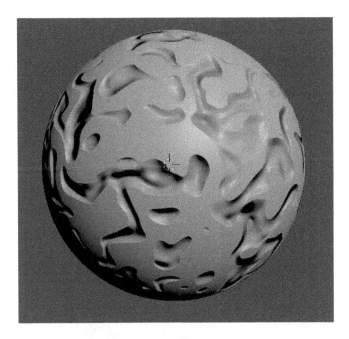

fig. 96 una *texture* *Distorted* *Noise* applicata come colore e come *displacement* a una sfera

IMAGE OR MOVIE

L'opzione **Image or Movie** permette di impostare come *texture* un file esterno come una immagine, una sequenza di immagini o un video.

Non si tratta quindi di una *texture* procedurale, ma dell'assegnazione di un'immagine o video sulla superficie di un oggetto.

A differenza delle *texture* procedurali, per poter essere applicate sulla superficie di una *mesh*, Blender deve letteralmente *scucire* la *mesh* secondo un metodo determinato. Questa operazione di *scucitura* è detta *unwrapping*.

89

fig. 97 *Image or Movie*

ESERCIZIO N. 2: PROVE SUI MATERIALI

Supponiamo di voler creare un elemento a terra di una cucina moderna e di assegnare ai frontali (ante, cassetti...) un materiale il cui colore sia definito da una *texture* immagine.

Per prima cosa, come sempre, è necessario avere ben chiaro che cosa si vuole realizzare, utilizzando riferimento esterno.

L'elemento cucina è composto da tre parti principali: la scocca (o fusta) che consiste nel corpo contenitivo, dotato di ripiani o guide per estraibili; il frontale (ante o cassetti); i piedini di regolazione, sui quali si aggancerà lo zoccolo.

La scocca è composta da:

- 2 elementi verticali, detti spalle o fianchi, alti 72 cm, profondi (solitamente) 56 e spessi 1.8 cm;

- 1 ripiano superiore e uno di base, di larghezza variabile a seconda della modularità (nel nostro caso, per una base larga complessivamente 60 cm, la larghezza dei pannelli orizzontali sarà data dalla differenza tra 60 cm e due volte 1,8, pari quindi a 56.4 cm), profondi 56 e spessi 1.8;

- 1 ripiano centrale largo 56.4 cm, profondo 46 cm e spesso 1.8, posto al centro del vano;

- 1 schiena o fodera, larga 56.4 cm, alta 68.4 (72 - due volte 1.8) e spessa 0,8 cm.

Iniziamo col definire una delle due spalle. Inseriamo un cubo e reimpostiamo le dimensioni:

$$x = 0.018;$$

$$y = 0.56;$$

$$z = 0.72.$$

Ricordiamoci di azzerare la scala con CTRL + A.

Aggiungiamo un modificatore *Bevel* con il parametro *Width* a 1 mm e, per ora spegniamone l'effetto cliccando sull'icona con l'occhio.

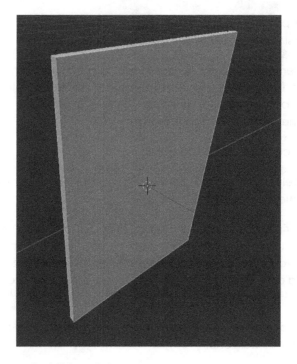

fig. 98 fianco o spalla dell'elemento base

Creiamo una istanza (ALT + D) di questo fianco e trasliamola in direzione x di 58.2 cm.

Selezioniamo ora i due elementi e digitiamo SHIFT + S per posizionare il *3D Cursor* al centro tra i due fianchi (*Cursor To Selected*).

I prossimi elementi che inseriremo, saranno posizionati in corrispondenza del *3D Cursor*, cioè fra i due fianchi.

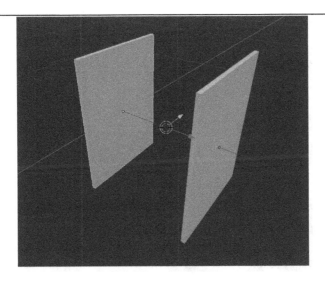

fig. 99 posizionamento del 3D Cursor tra i due fianchi

Inseriamo un nuovo cubo e ridimensioniamolo in modo che sia:

$x = 0.564;$

$y = 0.56;$

$z = 0.018.$

Azzeriamo la scala e trasliamolo con G + Z di 35.1 cm (ovvero la metà di 72 cm - la metà di 1.8 cm).

Il cappello si posizionerà alla sommità.

Creiamone una istanza e spostiamola verso il basso di 70.2 cm (72 - 1.8).

Il ripiano di base sarà correttamente posizionato al centro.

Selezioniamo i 4 elementi e assicuriamoci che il 3D Cursor sia corrispondente con il loro baricentro.

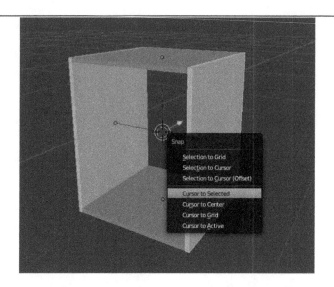

fig. 100 posizionamento del 3D Cursor tra i 4 elementi della scocca

Inseriamo un nuovo cubo (la schiena) e ridimensioniamolo:

$$x = 0.564;$$

$$y = 0.008;$$

$$z = 0.684.$$

fig. 101 posizionamento dello schienale

In vista laterale (1 NUM), spostiamo in direzione y la schiena con la calamita attivata (tasto CTRL durante l'operazione di spostamento) fino ad agganciarsi al bordo esterno del fianco, quindi spostiamola nuovamente verso l'interno di 5 cm (G, Y, .05 -) in modo da creare quello che viene detto in gergo *vuoto sanitario*.

Selezioniamo ora i 4 elementi e, con CTRL + J, uniamoli in un'unica *mesh* che rinomineremo *scocca*.

In vista *Top* (7 NUM), inseriamo un cilindro di raggio 3,5 cm e di altezza 2 cm.

Azzeriamo la scala.

Posizioniamolo a circa 8 cm dal bordo sinistro e altrettanti dal bordo frontale.

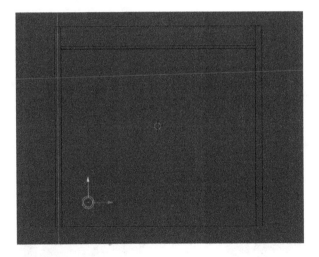

fig. 102 posizionamento del cilindro

Andiamo in vista frontale (1 NUM) e posizioniamo la base del cilindro coincidente con quella dell'elemento, quindi spostiamola di 15 cm verso il basso.

fig. 103 spostamento del cilindro

Aggiungiamo quindi un *Empty* sul *3D Cursor* e con il cilindro selezionato assegniamo un modificatore *Mirror*, che specchierà il cilindro rispetto all'*Empty* sia rispetto a x, sia rispetto a y.

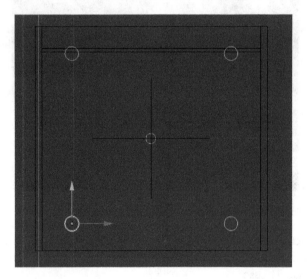

fig. 104 *Mirror* sul cilindro

Entriamo in *Edit Mode* ed eseguiamo una successione di *Inset*, *Extrude*, *Scale* e *Grab* sulla faccia superiore del cilindro in modo da ricreare il piedino. Con il *Mirror* impostato, la modifica avverrà su tutti e quattro i piedini.

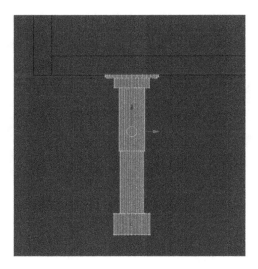

fig. 105 il piedino

Aggiungiamo *loop* molto prossimi ai bordi di ogni elemento del piedino.

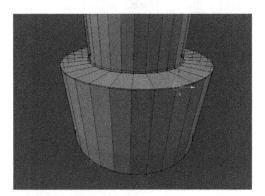

fig. 106 *loop*

Con H, togliamo momentaneamente dalla vista la parte superiore del cilindro. e selezioniamo i vertici verticali ogni 3.

Poi scaliamoli verso l'interno in modo da creare delle scanalature.

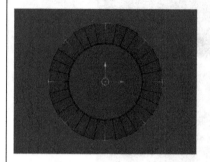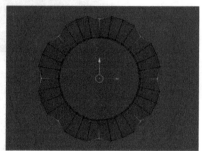

fig. 107 scanalature del piedino

Digitiamo ALT + H per far ricomparire il resto del piedino e aggiungiamo un modificatore *Subdivision Surface* a 2 divisioni, quindi uno *Smooth*.

fig. 108 piedino completato

Rinominiamo l'oggetto *piedini* e applichiamo il *Mirror*.

Togliamo quindi la spunta di visualizzazione del *Bevel* sulla scocca.

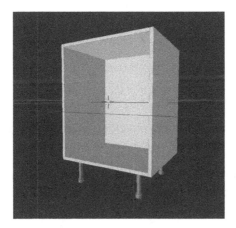

fig. 109 scocca e piedini

A questo punto possiamo definire l'anta.

Poiché questa rimarrà chiusa, il ripiano interno non avrà molto senso. Pertanto eviteremo di inserirlo.

fig. 110 riposizionamento del *3D Cursor*

99

Posizioniamo il *3D Cursor* al centro dei quattro vertici esterni anteriori della scocca.

In *Object Mode* aggiungiamo un nuovo cubo e ridimensioniamolo:

$$x = 0.597;$$

$$y = 0.018;$$

$$z = 0.717$$

in modo, cioè che risulti 3 mm più piccolo rispetto alla scocca, proprio per impedire attriti tra basi vicine, come nella realtà.

Posizioniamo l'antina in modo che disti 3 mm da margine frontale della scocca. Questo creerà delle realistiche ombre fra gli elementi.

Azzeriamo la scala e rinominiamo l'elemento *anta*.

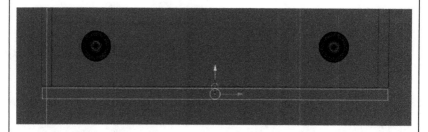

fig. 111 l'anta

Aggiungiamo un *Bevel* all'anta, con un raggio di 2 mm e a 4 segmenti.

Aggiungiamo anche uno *Smooth* e, naturalmente, un modificatore *Edge Split* per salvaguardare la corretta ombreggiatura delle facce piane.

fig. 112 *Bevel*

Posizioniamo l'illuminazione in modo da irradiare correttamente l'anta. Impostiamola come *Sun*.

A questo punto, con l'anta selezionata, aggiungiamo un materiale che chiameremo legno, quindi nel *tab Texture* una nuova *texture* immagine, caricando il file *legno.jpg*.

Entriamo in *Edit Mode* e selezioniamo ogni vertice dell'anta, quindi digitiamo CTRL + E e dal menu scegliamo *Mark Seam*, in modo da scucire completamente tutti gli elementi che compongono l'anta.

Apriamo una finestra *UV/Image Editor* e osserviamo il risultato.

Le 6 facce del parallelepipedo che costituiscono l'anta sono state scucine e disposte orizzontalmente sul piano *UV* con la *texture* sottostante.

La prima cosa da fare è ruotare le facce mal posizionate rispetto alla venatura.

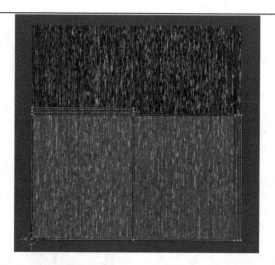

fig. 113 *unwrap* della *mesh anta*

Terremo presente che la venatura dovrà correre in senso longitudinale lungo i bordi da 1.8 cm dell'anta e orizzontalmente rispetto alle facce.

Cliccando sull'icona *UV Selection: Island*, selezioniamo i due bordi disposti in modo orizzontale e ruotiamoli di 90°.

fig. 114 rotazione di 90° dei bordi nell'*UVMap*

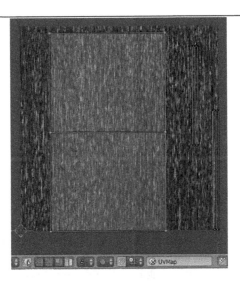

fig. 115 rotazione di 90° delle facce nell'*UVMap*

Nella 3D view, passiamo in modalità di visualizzazione *Rendered* (SHIFT + Z) e osserviamo il risultato.

Possiamo scalare e riposizionare le facce scucite nella *UVMap* in modo da proporzionare la venatura.

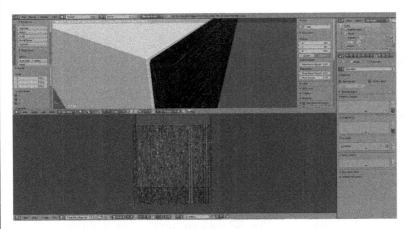

fig. 116 effetto della mappatura pre renderizzata

Aggiungiamo un *bump*, ossia un effetto di rilievo, la cui trattazione sarà affrontata dettagliatamente in seguito, con un valore superiore a 0 nella sezione *Geometry* del pannello *Influence* (*tab Texture*) il valore *Normal*.

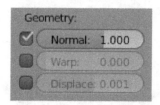

fig. 117 *Normal*

Possiamo ulteriormente applicare un minimo di riflessione al materiale nel pannello *Mirror*, ricordandoci di considerare l'indice di rifrazione (IOR) inserendo il valore 1.45 nel contatore *Fresnel*.

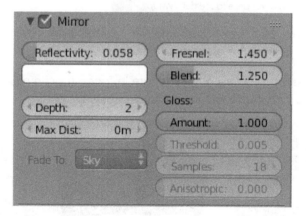

fig. 118 la riflessione con *Mirror*

Passiamo quindi a definire il colore del laminato della scocca.

Creiamo un nuovo materiale, rinominiamolo *grigio* e cambiamo il colore con la paletta del *diffuse*.

Infine assegniamo un colore nero semilucido ai piedini.

Il risultato che otterrete non dovrebbe essere dissimile da questo in figura.

fig. 119 *render* della base cucina

ENVIRONMENT MAP

Environment Map genera delle riflessioni provenienti da una *texture* di *background*.

Grazie al *raytracing* risultano molto veloci da calcolare, soprattutto se si imposta la sfocatura che richiede un numero inferiori di campioni.

Riflettendo la luce in tutte le 6 direzioni cardinali (*x* e - *x*; *y* e - *y*; *z* e - *z*), genera una riflessione diffusa e realistica.

Per ottenere risultati corretti, la mappatura di un ambiente il menu *Coordinates* deve essere impostato su *Reflection* nel pannello *Mapping*.

Vi sono tre modalità, definite nel primo pannello **Environment Map**:

- *Static*, che calcola la *texture* una sola volta durante il *rendering* di una animazione, riflettendo pertanto sempre la stessa immagine;

- *Animated*, che ricalcola il *rendering* continuamente, per ogni fotogramma di una animazione, riflettendo quindi la corretta immagine;

- *Image* File, che consente di caricare una immagine di *background* (uno sfondo) dal *browser*. Questa opzione consente il *rendering* più veloce e dà anche la possibilità di modificare o utilizzare la mappa dell'ambiente in una applicazione esterna.

fig. 120 il pannello *Environment Map*. A sinistra le opzioni attive in modalità *Static* e *Animation*; a destra in modalità *Image File*

106

È possibile inoltre impostare il *mapping* dell'*Environment Map*, in modo planare (*Plane*) o cubica (*Cube*), ignorare gli oggetti facenti parte di *layer* selezionati e definire dei limiti, o margini sulla riflessione (*Clipping*), al di fuori dei valori impostati in *Start* e *End* la riflessione non avverrà.

Resolution determina la qualità della risoluzione della riflessione in fase di *rendering*, mentre *Depth* il numero dei rimbalzi tra oggetti a loro volta riflettenti. Questo parametro va usato con parsimonia in base all'effetto desiderato, poiché ogni ulteriore riflessione genererà tempi più lunghi di calcolo in fase di *rendering*.

Impostando la modalità *Image File*, è possibile caricare un'immagine da riflettere.

Può essere caricata da *browser* una immagine fissa (*Single Image*), una sequenza di immagini (*Image Sequence*), un filmato (*Movie*) e essere generata matematicamente (*Generate*).

Una volta inserito o generato il *file* immagine, può essere definito il metodo o spazio colore, scegliendolo tra le opzioni *Color Space* e visualizzata l'immagine nel *render*, spuntando l'opzione *View as Render*.

fig. 121 *render* di una riflessione di una immagine di tipo *Generate* a colori

107

Generando l'immagine con *Generate*, invece, si possono definire le dimensioni in *pixel* e inserite nei contatori X e Y e si può impostare il tipo di immagine: vuota (*Blank*), come griglia colorata (*Color Grid*), o come griglia in toni di grigio (*UV Grid*).

Nel sottostante pannello **Environment Map Sampling**, il menu *Filter* definisce il tipo di filtro da utilizzare per il campionamento dell'immagine, scelto tra:

- *Box*, filtro di tipo cubico;

- *EWA (Elliptical Weighted Average)*, il quale, per i pesi dei campioni, si accumula un'impronta ellittica e quindi divide il risultato per la somma dei pesi;

- *FELINE (Fast Elliptical Line)*, utilizza diverse sonde isotropiche in diversi punti, per produrre un filtro anisotropico e per ridurre gli artefatti di *aliasing* senza aumentare considerevolmente il tempo di *rendering*;

- *Probes*, che forza il numero massimo di campioni (più alto dà meno sfocatura agli angoli lontani e obliqui, con inevitabili allungamenti dei tempi di calcolo).

I contatori Eccentricity e *Filter Size* definiscono il numero massimo di campioni per effetti di eccentricità e sfocatura (valori più alti generano sfocatura ridotta agli angoli lontani e obliqui, ma anche tempi di calcolo più lenti).

La spunta su *Minimum Filter Size* utilizza *Filter Size* come valore minimo espresso in pixel.

MAGIC

La *texture* procedurale **Magic** genera un'immagine a colori calcolata con algoritmi trigonometrici.

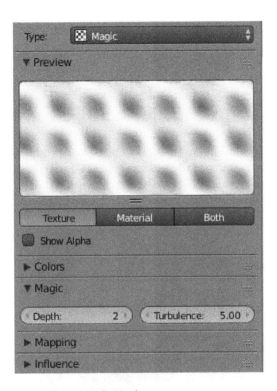

fig. 122 *texture* procedurale e pannello *Magic*

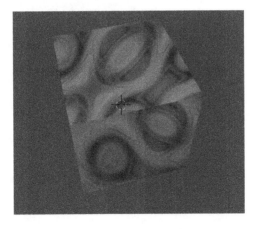

fig. 123 la *texture procedurale* Magic applicata a un cubo

109

Nel pannello **Magic** sono disponibili due soli parametri:

- *Depth*, che determina la profondità del rumore generato;

- *Tubolence* che determina l'effetto di turbolenza della *texture*.

Magic è utile per ottenere mappature sulle *mesh* con un effetto decisamente astratto.

MARBLE

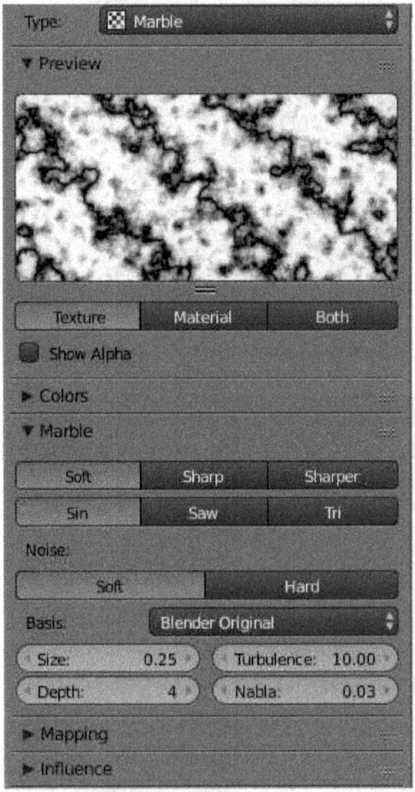

fig. 124 *texture* procedurale e pannello *Marble*

110

Marble genera una *texture* procedurale che simula le venature naturali tipiche del marmo o del granito.

I tre *switch* alla sommità del pannello **Marble**, Soft, *Sharp* e *Sharper*, permettono di scegliere la definizione della venatura.

I tre *switch* sottostanti *Sin* (sinusoide), *Saw* (dente di sega), *Tri* (onda triangolare), invece impostano il modello matematico con cui verrà generata la venatura.

L'influenza del rumore può essere gestita da uno dei due *switch* *Soft* e *Hard*, rispettivamente morbido o duro.

Il menu *Basis* assegna il modello matematico da cui verrà generata la venatura, scegliendolo da una delle *texture* procedurali a disposizione.

Size determina le dimensioni della venatura; *Turbolence* la deformazione; *Depth* la profondità e definizione dell'effetto; *Nabla*, come per *Clouds*, è un fattore moltiplicatore per le funzioni di *displacement*.

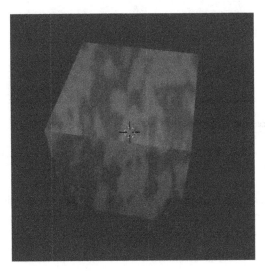

fig. 125 la *texture Marble* applicata a un cubo

Musgrave genera una *texture* procedurale secondo una struttura di tipo frattale.

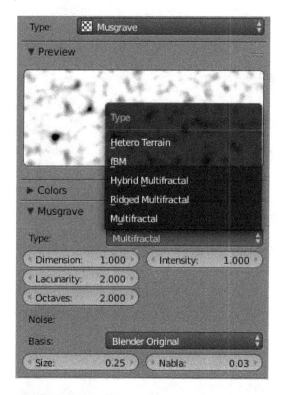

fig. 126 *texture* procedurale e pannello *Musgrave*

Questo tipo di *texture* è indicato per simulare su una *mesh*, ad esempio, un mantello maculato o un terreno collinoso.

Nel pannello **Musgrave**, una volta scelta la tipologia di disturbo dal menu *Type* (*Multifractal, Ridged Multifracltal, Hybrid Multifractal, fBM* o *Hetero Terrain*), si possono definire le dimensioni della trama (*Dimension*), l'intensità (*Intensity*), il divario fra i frattali (frequenze)

112

successivi (*Lacunarity*) e il numero delle frequenze usate nella suddivisione frattale (*Octaves*).

Per determinare il disegno base del rumore, invece, è possibile scegliere una *texture* procedurale di riferimento fra quelle disponibili nel menu *Noise*, definendone le dimensioni specifiche (*Size*) e il fattore moltiplicatore per il rilievo (*Nabla*).

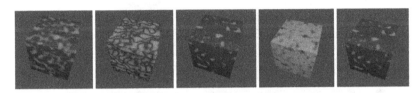

fig. 127 *Musgrave* applicato a un cubo. Da sinistra verso destra, *Type* impostato su *Multifractal, Ridged Multifractal, Hybrid Multifractal, fBM, Hetero Terrain*

NOISE

fig. 128 *texture* procedurale *Noise*

113

Noise è una delle *texture* procedurali più usate e più semplici.

Non dispone di un pannello dedicato, in quanto la sua trama punteggiata può semplicemente essere scalata, traslata e ruotata nel pannello *Mapping* per poter essere applicata al materiale.

Di solito si tende a far incidere la *texture* sul *bump* o sul *displacement*, impostando un valore superiore a 0, per ottenere un effetto di rilievo simile alla bucciatura di un muro o a la satinatura di un vetro, tenendo conto che i *vertici* a rilievo corrisponderanno con le aree più chiare della *texture*, mentre quelli in depressione alle aree più scure.

fig. 129 *Noise* applicato alla *mesh*

Questa *texture* procedurale serve per essere associata al modificatore *Ocean* per simulare distese ondose.

Il modificatore *Ocean*, non ancora trattato, fa parte del gruppo *Simulate*, del quale avremo modo di parlare ampiamente in seguito.

Pertanto, in questa fase, tale *texture* non verrà analizzata.

fig. 130 pannello della *texture* procedurale *Ocean*

POINT DENSITY

Point Density renderizza un insieme di punti (vertici di una mesh o un sistema di particelle) come se fossero parte di un volume 3D, utilizzando un raggio definito dall'utente.

I punti renderizzati sono rappresentati sferici di *default*, con varie opzioni di smussatura *Falloff* e opzioni di turbolenza per modificare il risultato, con l'aggiunta di piccoli dettagli.

Le prime due opzioni che troviamo nel pannello **Point Density** consentono di scegliere da quale fonte generare la nuvola di punti. Questi possono essere quindi generati da un sistema particellare (*Particle System*) o da vertici di un oggetto(*Object Vertices*).

Nella casella *Object* è quindi possibile indicare da quale oggetto (particellare o *mesh*) la *texture* farà riferimento, mentre *Radius* determina il raggio di azione dell'effetto.

115

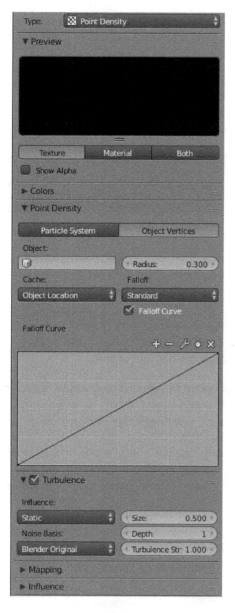

fig. 131 *texture* procedurale e pannello *Point Density*

116

Particle System attiva un menu a tendina detto *Color Source* in cui optare in che modo devono essere definiti i dati relativi al colore, ossia:

- *Constant*, colore costante;

- *Particle Age*, intensità di colore in base all'età delle particelle emesse;

- *Particle Speeds*, intensità di colore in base alla velocità delle singole particelle;

- *Scale*, secondo un valore che funga da moltiplicatore della velocità delle particelle;

- *Particle Velocity*, definendo i valori scomposti del colore *RGB* in funzione della posizione *XYZ* delle particelle;

Menu comuni alle due opzioni *Particle System* e *Object Vertices* sono *Cache* che influenza il modo di nascondere le particelle visualizzate e *Falloff*, che determina il metodo di attenuazione delle particelle in base alle voci elencate nel menu a tendina. La spunta *Falloff Curve* attiva un'area manuale in cui è possibile disegnare la curva di smorzamento.

Il pannello **Turbolence** contiene invece alcune opzioni che regolano l'aggiunta di un rumore (una turbolenza) alle particelle renderizzate.

Il menu *Influence* regola in che modo deve essere aggiunta la turbolenza, ossia:

- *Static*, in cui il rumore aggiunto rimarrà invariato, statico, metodo più veloce e adatto per le immagini statiche;

- *Particle Velocity assegna una* turbolenza in base alla velocità delle particelle;

117

- *Particle Age* assegna una turbolenza in base all'età della particella;

- *Global Time* assegna una turbolenza in base al fotogramma corrente (per le animazioni).

Il menu *Noise Basis* utilizza l'andamento di una *texture* procedurale, scelta dalla lista, per determinare il comportamento della turbolenza.

Size determina la scala della turbolenza; *Depth* il livello di dettaglio; *Turbolence Strength* la forza della turbolenza aggiunta.

STUCCI

Stucci è una texture di tipo frattale e viene utilizzata di solito per simulare un rilievo simile all'intonaco di una superficie.

Così come per *Noise, Clouds* e altre *texture* procedurali simili, applicandola sul *bump* o sul *displacement* genera un rilievo senza necessariamente modificare il colore.

Tre principali opzioni sono disponibili nello *switch* del pannello **Stucci**. Le opzioni pre impostano i parametri della *texture* per simulare rispettivamente il comportamento di un materiale plastico (*Plastic*), di un muro grezzo interno (*Wall In*) e di un muro esterno grezzo (*Wall Out*).

Lo *switch* sottostante *Noise* consente di scegliere la forza di influenza della *texture* tra *Soft* e *Hard*, mentre il menu *Basis* utilizza una *texture* procedurale ausiliaria per determinare l'andamento del frattale.

Size imposta le dimensioni del frattale (o della grana), mentre *Turbolence* aggiunge un effetto di rumore ulteriore (turbolenza) alla *texture*.

118

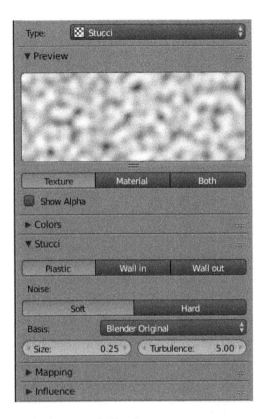

fig. 132 *texture* procedurale e pannello *Stucci*

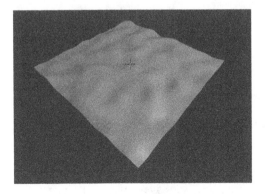

fig. 133 *Stucci* applicato a una superficie

119

Voronoi crea un *pattern* a celle, più o meno regolare.

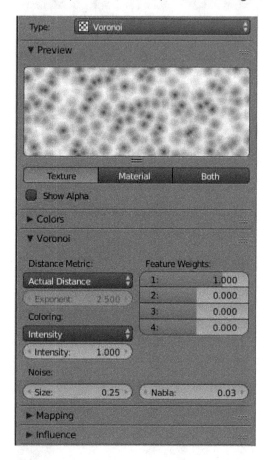

fig. 134 *texture* procedurale e pannello *Voronoi*

La prima voce del pannello **Voronoi** (*Distance Metric*) apre un menu a tendina che definisce l'algoritmo che genererà la *texture*.

Vi sono 7 algoritmi: *Actual Distance, Distance Squared, Manhattan, Chebychev, Minkovsky 1/2, Minkovsky 4, Minkovsky.*

120

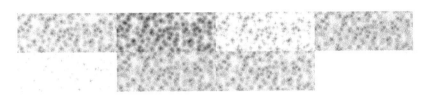

fig. 135 da sinistra a destra e dall'alto al basso, i 7 algoritmi *Distance Metric*

I quattro cursori *feature Weights* rappresentano i valori delle quattro costanti *Worley*, che sono utilizzate per calcolare le distanze tra ogni cella della *texture* in base alla distanza metrica.

Il menu *Coloring* offre 4 impostazioni: intensità (*Intensity*); posizione (*Position*), posizione e contorno (*Position and Outline*); posizione, contorno e intensità (*Position, Outline and Intensity*), che utilizzano altrettanti rumori base in diversi metodi per calcolare il colore e l'intensità nel generare la *texture*.

La spunta *Intensity* scala l'intensità generale del disturbo della *texture*.

Size e *Nabla* sono gli stessi parametri già descritti in altre *texture* procedurali.

VOXEL DATA

Voxel Data è la seconda texture utile per generare simulazioni di effetti volumetrici (così come *Point* Density).

L'impostazione di *default*, *Smoke*, viene solitamente utilizzata per il *rendering* di simulazioni di fumo all'interno dell'ambiente di *rendering Render Blender*.

Questa *texture* renderizza di fatto un tipo di sorgente detta *voxel*, lavorando in modo molto simile a una *texture* immagine, ma in 3D.

121

Nel pannello **Voxel Data**, sono disponibili diverse tipologie di dati per generare la texture (*File Format*), come *Smoke, Hair, Image Sequence, 8 bit* Raw, *Blender* Voxel; 4 diverse sorgenti (*Smoke, Heat, Flame* e *Velocity*), così come vari metodi di interpolazione (*Nearest* Neighbor, Linear, *Quadratic, Cubic Catmul-Rom, ubic B-Spline*).

Extension determina in che modo deve essere estrapolata la *texture*, mentre *Intensity* determina l'intensità con cui la *texture* viene applicata.

fig. 136 *texture* procedurale e pannello *Voxel Data*

L'ultima (ma non ultima) *texture* procedurale che descriveremo è Wood.

Questa *texture* genera delle venature simili a quelle del legno.

È molto usata per simulare cortecce o sezioni di tronchi, ma anche onde parallele e ad anello.

fig. 137 *texture* procedurale e pannello *Wood*

Nel pannello **Wood** è possibile innanzi tutto scegliere dallo *switch* il tipo di onda che verrà generata, tra sinusoidale (*Sine*), morbida e smussata; *Saw* (a dente di sega) e *Tri* (triangolare), entrambe dure e spigolose.

Il secondo *switch* è gruppo di 4 pulsanti che determinano il tipo di venature.

- *Bands* genera venature parallele a bandoni;

- *Rings* genera anelli concentrici;

- *Band Noise* genera bande parallele con un disturbo;

- *Ring Noise* genera anelli concentrici con disturbo.

Soft e *Hard* impongono alla *texture* di agire in modo sommesso o deciso, netto.

Basis permette di caricare una *texture* procedurale che fungerà da metodo di disturbo (*Noise*).

Size, Nabla e *Turbolence* sono gli stessi parametri già descritti in precedenza per altre *texture*.

Più che per determinare il colore del materiale a cui è associata questa *texture* (anche se ovviamente si può colorare utilizzando le opzioni all'interno del pannello *Colors* ed eventualmente una *Color Ramp*), *Wood* è più indicata per generare rilievi sulla superficie (*bump* o *displacement*).

Affinché la *texture Wood* venga visualizzata, è necessario che la *mesh* sia stata precedentemente scucita (*unwrap*).

Illuminazione

L'illuminazione è uno dei fattori di maggior rilevanza per un risultato ottimale.

Così come in fotografia, la luce e l'inquadratura giocano un ruolo fondamentale.

Illuminare una scena significa puntare il dito e mettere in risalto ciò che si vuole sottolineare e descrivere. Una illuminazione errata non solo fornirà immagini brutte, ma potrebbe non focalizzare l'attenzione sul dettaglio desiderato.

Ecco perché spesso, oltre all'illuminazione di base, potrebbe essere necessario fare uso, proprio come in uno studio fotografico o in un teatro di posa, a fonti di luce ausiliarie.

Quando si crea una nuova scena, occorre avere ben chiaro se si intende riprodurre fedelmente la realtà, simulando quindi l'illuminazione reale, oppure se fare uso di una o più fonti luminose per adattare la luce alla scena. La scelta dipende da ciò che si desidera effettivamente mostrare.

Blender mette a disposizione 5 tipi di fonti luminose dirette, oltre a fonti di illuminazione globale derivate dall'ambiente e ad illuminazioni indirette, come i rimbalzi della luce tra oggetti tra loro prossimi e relativa colorazione reciproca delle superfici (*Indirect Lighting*).

Le prime si ottengono inserendo una *Lamp* con SHIFT + A nella scena e, nell'apposito *tab Lamp* della finestra *Properties* è possibile determinarne la natura tra *Point, Sun, Spot, Hemi* e *Area*, peraltro già descritte nel volume 1 di questa collana, nel pannello *Lamp*.

Riassumiamone più dettagliatamente le tipologie e le caratteristiche delle 5 fonti di illuminazione diretta (*tab* **Lamp**):

125

2.5.1. Tab Lamp

Point è una fonte di illuminazione puntuale che irradia in tutte le direzioni.

fig. 138 pannelli e parametri per la gestione della fonde di illuminazione *Point*

Nel pannello **Lamp** si può determinare il colore della luce, cliccando nell'apposita casella che aprirà una tavolozza, e la forza di irradiazione, digitando il valore nel contatore *Energy*.

126

Spuntando *Negative* si invertirà l'effetto dell'illuminazione, proiettando cioè una luce negativa.

La spunta su *This Layer Only* farà sì che la fonte luminosa irradierà esclusivamente gli oggetti raggruppati nel suo stesso *layer*.

Le spunta su *Specular* e su *Diffuse* (attive di *default*) produrranno rispettivamente una riflessione speculare e una illuminazione diffusa sugli oggetti colpiti dai raggi luminosi.

Il menu *Falloff* permette di definire in che modo la luce decadrà rispetto alla distanza, scegliendo il metodo tra 6 opzioni: *Constant, Inverse Linear, Inverse Square, Custom Curve* e *Lin/Quad Weigthed*.

Distance definisce invece la distanza massima di decadimento della luce, entro cioè quanti metri (se l'unità è impostata in metri, ovviamente), la fonte luminosa agirà nella scena, prima di estinguersi.

La spunta *Sphere* imposta l'intensità a zero oltre la distanza impostata dalla lampada, imponendo un'illuminazione più netta e meno sfumata.

Nel pannello **Shadow** vi sono tutti i parametri re4lativi alla gestione delle ombre prodotte dalla fonte luminosa.

Lo *switch No shadow / Ray Shadow* rispettivamente disattiva o visualizza la proiezione delle ombre degli oggetti colpiti dai raggi di luce su altri oggetti.

La tavolozza sottostante consente di determinare il colore base dell'ombra.

This Layer Only farà sì che solo gli oggetti raggruppati nello stesso *layer proietteranno l'ombra*.

La spunta su *Only Shadow* mostrerà solo le ombre e non le superfici irradiate.

127

La sezione *Sampling* contiene le opzioni che regolano la qualità e la definizione dell'ombra proiettata.

Nel contatore *Samples* è possibile inserire il numero dei campioni, mentre *Soft Size* determina la morbidezza dell'ombra proiettata. Valori bassi proiettano ombre nette, valori alti, ombre morbide e sfumate.

Lo *switch* sottostante serve a determinare il metodo con cui vengono generate le ombre: *Adaptive QMC* genera ombre meno definite ma più rapide, secondo la soglia *Threshold*, mentre *Constant QMC* genera ombre più precise, ma con un processo di calcolo più lento.

fig. 139 l'effetto di una fonte di illuminazione di tipo *Point*

SUN

fig. 140 pannelli e parametri per la gestione della fonde di illuminazione *Sun*

129

Sun simula l'illuminazione generata dal sole. Si tratta di una fonte luminosa molto potente, dai raggi paralleli e ombre nette, tutte nella stessa netta e precisa direzione. La *Lamp Sun* può essere posizionata in qualsiasi punto della scena. Trattandosi di fonte di luce direzionale, ciò che conta è soltanto la direzione che può essere definita ruotando il vettore tratteggiato base connesso alla *Lamp* stessa.

I pannelli **Lamp** e **Shadow** sono identici al precedente.

Si aggiunge un pannello dedicato **Sky & Atmosphere** in cui sono contenuti i parametri per la simulazione del cielo e della torbidezza dell'atmosfera.

Entrambi si attivano spuntando *Sky* e *Atmosphere*.

Sky genera un sole visibile nel cielo, se inquadrato, più o meno netto a seconda delle impostazioni.

Sulla destra si apre un pannello in cui caricare dei *preset*, che possono anche essere creati e salvati col pulsante +, oppure eliminati con il pulsante -. Sono disponibili di *default* tre *preset* che simulano un cielo generico (*Classic*) con un solo forte e sfocato; un cielo in un paesaggio desertico (*Desert*), in cui il sole genera una luce rossastra; e un cielo di montagna (*Mountain*) dall'aria limpida e il sole netto.

Turbidity simula l'effetto di nitidezza del cielo. A valori bassi il sole sarà netto e definito; per valori alti si otterrà invece un effetto offuscato e nuvoloso.

Se nel *tab World* della finestra *Properties* è attivato un cielo in *background* (che analizzeremo in seguito), il menu *Bending* determina e definisce il metodo di miscelazione fra il cielo del *tab World* e quello impostato in *Sun Sky & Atmosphere*. Il cursore *Factor* (da 0 a 2) gestisce il bilanciamento fra i due sistemi.

La sezione *Horizon, Brightness* determina la luminosità dell'orizzonte, mentre *Spread* la diffusione e la nitidezza dello stesso.

Color Space definisce la gamma dei colori secondo quanto impostato nello *switch* sottostante: *SMPTE, REC70* o *CIE. Exposure* regola l'esposizione e la forza della luminosità del cielo generato.

La sezione *Sun* contiene invece le impostazioni sul sole generato.

Brightness regola la brillantezza, *Size* le dimensioni (a dimensioni maggiori verrà visualizzata una sfera solare più grande e viceversa), mentre *Back Light* (cursore da -1 a 1) il tipo di alone attorno alla sfera solare.

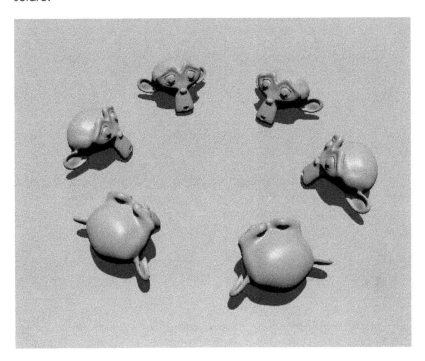

fig. 141 l'effetto di una fonte di illuminazione di tipo *Sun*

Atmosphere applica invece un effetto sulla luce solare che simula un'atmosfera più o meno rarefatta.

131

La sezione *Intensity* ha due parametri: *Sun* che regola l'influenza del sole in relazione all'atmosfera; *Distance* che rappresenta un parametro di moltiplicazione in funzione dell'unità di misura impostata in Blender.

La sezione *Scattering* invece definisce l'effetto di dispersione dell'irradiazione attraverso i parametri *Inscattering* (fattore di dispersione della luce) e *Extinction* (fattore di smorzamento della visibilità).

SPOT

Spot simula l'illuminazione generata da un faretto alogeno.

Questa fonte luminosa genera un fascio di luce unidirezionale e definito da un cono di luce più o meno visibile.

Il pannello dedicato **Spot Shape** contiene le impostazioni relative al cono di luce generato.

Tale cono può essere visualizzato o meno nella scena spuntando la casella *Show Cone* e può avere la forma di una piramide a base quadrata anziché circolare, spuntando l'opzione *Square*.

Size indica in gradi l'apertura del cono di luce, mentre *Blend* definisce la nitidezza della proiezione del cono stesso sulle altre superfici.

Halo mostra effettivamente il cono di luce nella scena (e non solo la proiezione), mentre *Intensity* determina l'intensità, e quindi la visibilità del cono nello spazio.

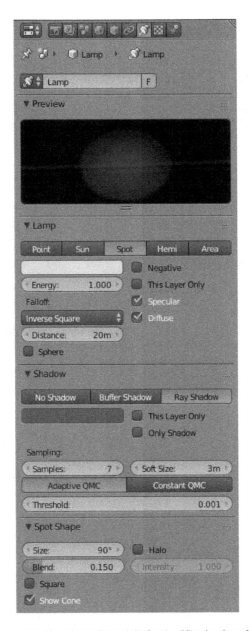

fig. 142 pannelli e parametri per la gestione della fonde di illuminazione *Spot*

133

fig. 143 l'effetto di una fonte di illuminazione di tipo *Spot* con *Halo* attivato

HEMI

Hemi simula l'effetto di illuminazione prodotto dal tipico ombrello usato negli studi fotografici. Tale ombrello è costituito da un pannello concavo, retto da un treppiede o un altro supporto, che riflette in modo perfettamente uniforme una fonte di luce opposta, illuminando zone in ombra di un soggetto la cui fonte di illuminazione primaria sia opposta.

fig. 144 *Suzanne* illuminata da una forte luce sulla sua destra (immagine a sinistra); applicazione di un *Halo* sulla sua sinistra (immagine al centro); effetto dell'ombrello su *Suzanne* (immagine a destra)

Le zone molto in ombra saranno schiarite e meglio definite, senza produrre ulteriori ombre.

fig. 145 pannelli e parametri per la gestione della fonde di illuminazione *Hemi*

Hemi non ha particolari parametri, se non quelli definiti nel pannello **Lamp**, comune a tutte le fonti luminose.

Non esiste un pannello *Shadow*, invece, perché *Halo* non proietta ombre di sorta.

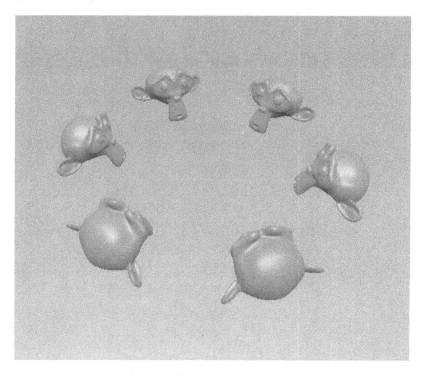

fig. 146 l'effetto di una fonte di illuminazione di tipo *Hemi*

AREA

Area produce una luce diffusa, simile a quella generata da *Halo*, ma con la proiezione delle ombre.

Si tratta di un vero e proprio pannello emittente, molto utile per illuminare dettagli di una scena o riflettersi su oggetti lisci.

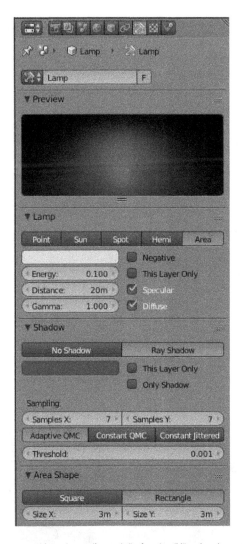

fig. 147 pannelli e parametri per la gestione della fonde di illuminazione *Area*

Nel pannello **Lamp** è stato aggiunto il contatore *Gamma* che regola l'intensità del canale principale di colorazione della luce, in modo che, per valori alti, il valore tenda al bianco con una scala graduale.

Nel pannello **Shadow**, i campioni relativi alla definizione delle ombre, vengono scomposti secondo l'asse x e secondo l'asse y, mentre viene aggiunto un terzo metodo di elaborazione dei campioni, *Constant Jittered*, che enfatizza la definizione secondo tre ulteriori opzioni a spunta che si attivano con esso: *Humbra* (che enfatizza le zone completamente in ombra); *Dither* (che aggiunge un assegna un disturbo all'ombra a 2 x 2 *pixel*); *Jitted* (che aggiunge un disturbo puntinato al contorno dell'ombra).

Nel pannello **Area Shape** è possibile scegliere la forma del pannello emittente fra rettangolare (*Rectangle*) o quadrato (*Square*) e, di conseguenza le dimensioni *Size X* e *Size Y*.

fig. 148 l'effetto di una fonte di illuminazione di tipo *Area*

138

Tab World: Fonti di illuminazione globale

Il *tab **World***, rappresentato dall'icona con il globo terrestre nella finestra *Properties*, contiene tutte le impostazioni relative al background del progetto in corso e alla sua illuminazione generale.

fig. 149 il *tab World*

In modalità *Render Blender*, il *tab World* è suddiviso in 6 pannelli.

Il primo pannello **World** gestisce l'illuminazione globale e i colori di base della scena.

È possibile definire che tipo di sfondo verrà renderizzato, spuntando una o più delle tre opzioni disponibili:

- *Paper Sky* renderizzerà un fondo piatto, senza sfumature;

- *Blend Sky* renderizzerà lo sfondo della scena con una naturale progressione di due colori: quello dell'orizzonte e quello dello zenith;

- *Real Sky* renderizzerà lo sfondo della scena con un orizzonte posizionato in funzione della vista corrente.

È inoltre possibile regolare nelle apposite tre tavolozze i colori di base della linea di orizzonte (*Horizon Color*), dello zenith (*Zenith Color*) e dell'ambiente circostante (*Ambient Color*) che, influenzerà l'illuminazione globale della scena. Impostando quest'ultimo colore sul nero, l'ambiente non influirà in nessun modo nell'illuminazione della scena, che sarà influenzata soltanto dalle *Lamp* inserite nell'ambiente 3D.

fig. 150 la scena renderizzata con la linea di orizzonte impostata sul grigio e il cielo (Zenith Color) sul celeste, spuntando le due opzioni *Blend Sky* e *Real Sky*

Regolando il valore del contatore *Exposure* si può incrementare l'esposizione, agendo sull'esposizione, mentre il cursore *Range* determina l'influenza della colorazione con un parametro che va da 0.2 a 5.

Il pannello **Ambient Occlusion**, se attivato con la spunta permette di illuminare la scena in modo da ombreggiare gli oggetti tra loro in base alla distanza.

In pratica l'occlusione ambientale si può osservare in corrispondenza degli spigoli tra pareti o tra parete e soffitto, oppure in prossimità delle zone d'ombra tra un mobile e il pavimento, laddove la luce riesce a penetrare solo in parte. In quelle zone si può osservare un'ombreggiatura molto soffusa e morbida.

L'occlusione ambientale, quindi, illumina e ombreggia la scena anche in assenza di luci dirette o indirette.

fig. 151 l'occlusione ambientale genera una ombreggiatura soffusa

141

Factor (da 0 a 1) determina l'incidenza dell'effetto dell'occlusione ambientale.

Il menu sulla destra del cursore *Factor* definisce in che modo l'occlusione ambientale e l'illuminazione esterna (diretta o indiretta) agiranno tra loro. *Add* somma semplicemente le fonti luminose e le relative ombreggiature che ne derivano, mentre *Multiply* moltiplica le fonti di illuminazione, offrendo un risultato più scuro.

Il pannello **Environment Lighting**, se attivato, consente alla scena di essere illuminata dall'ambiente (*environment*). Il cursore *factor* imposta l'intensità con la quale lo sfondo illuminerà gli oggetti della scena, mentre il menu sulla sinistra definisce il colore dell'illuminazione, scelto tra bianco (*White*), il colore del cielo impostato nel pannello *World* (*Sky Color*) o il colore di uno sfondo inserito come *texture* (*Sky Texture*).

fig. 152 il cielo (*Sky Color*) illumina la scena

Il pannello **Indirect Lighting** permette agli oggetti presenti nella scena a intervenire nell'illuminazione contribuendo a colorare le superfici, a seguito dei rimbalzi della luce. I rimbalzi (*Bounces*) possono essere impostati nel cursore *Bounces*, mentre l'intensità nel cursore *factor*.

fig. 153 la sfera rossa influenza leggermente la colorazione della superficie del cubo

Tale illuminazione indiretta funziona solo contestualmente all'attivazione del pannello sottostante **Gather** impostato in modalità *Approximate*.

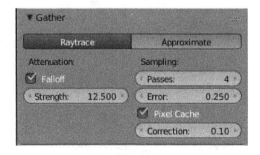

fig. 154 il pannello *Gather* impostato su *Approximate*

Questa modalità attiva una serie di parametri di regolazione.

- la spunta su *Falloff* gestisce la distanza minima di attenuazione dell'influenza;

- *Strength* la forza con cui la luce che rimbalza influenzerà la colorazione reciproca di oggetti vicini;

- *Passes* definisce il numero dei processi di calcolo;

- *Error* definisce la qualità dell'effetto. Per valori bassi il calcolo sarà più lento;

- *Pixel Cache*, se spuntato regola al meglio l'interpolazione tra *pixel* vicini;

- *Correction* regola la correzione del colore.

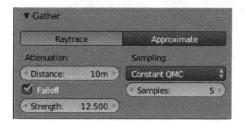

fig. 155 il pannello *Gather* impostato su *raytrace*

La modalità *Raytrace* calcola l'effetto in modo più preciso, benché più lento.

L'attenuazione è regolata da una distanza accurata (*Distance*).

Falloff e *Strength* hanno le stesse funzioni della modalità precedente.

Il menu *Sampling* consente di scegliere il metodo con cui vengono generate le ombre e i rimbalzi, mentre *Samples* definisce il numero dei campioni per la definizione nel *rendering*.

144

L'ultimo pannello è **Mist** e permette, se attivato, di aggiungere all'*environment* un effetto di nebbia, foschia.

fig. 156 l'effetto *Mist*

Minimum definisce l'intensità minima dell'effetto generale della foschia nella scena.

Depth è la distanza oltre la quale l'effetto della foschia sarà gradualmente visibile (*Fade in*) nella scena.

Start è la distanza dalla camera dell'inizio dell'effetto della foschia.

Height regola l'intensità della foschia in relazione all'altezza dal suolo (z = 0).

Falloff apre un menu a tendina che definisce il metodo di sfumatura della foschia, tra *Quadratic*, *Linear* e *Inverse Quadratic*.

3
CYCLES

3.1. Introduzione a Cycles e all'uso dei nodi

Questo motore di *rendering*, ormai impostato in Blender come motore di *default* dalla versione 2.61, è diventato il punto di riferimento per la maggior parte dei 3D *artist* che utilizzano questo potente software di modellazione 3D.

Dotato di una versatilità pressoché sconfinata, *Cycles* ha ormai soppiantato *Blender Render* (o *Blender Internal*).

La metodologia di *Cycles* differisce notevolmente da quella dell'illustre predecessore. *Cycles* si è allineato con i motori di *rendering* più professionali, permettendo all'utente una visione globale dei materiali degli oggetti, dell'illuminazione della scena, del *compositing*.

Per impostare *Cycles* come motore di *rendering* (qualora fosse impostato un altro motore), occorre scegliere l'opzione nell'*header* del pannello *Info*.

fig. 157 impostazione del motore *Cycles*

Per comprendere il funzionamento logico e concettuale di *Cycles* occorre un po' di esercizio e tanta inventiva.

Cycles utilizza un sistema di connessione di eventi e informazioni, detti **nodi** che possono essere legati tra loro in modo da creare un ragionamento logico non necessariamente consequenziale o additivo, come avveniva in *Blender Render*.

Per chiarire il concetto con un esempio, sappiamo che un materiale è dato dalla somma di diversi *shader*. Ma non è detto che tali *shader* debbano necessariamente seguire la logica della cascata, uno successivo all'altro. È altamente più probabile, nella

149

realtà, che *shader* e altri elementi (nodi) possano interferire tra loro in modo non lineare.

Esempi successivi, chiariranno questo concetto che ora potrà certamente apparire ostico e contorto, ma si rivelerà una risorsa utilissima e fondamentale per ottenere risultati altamente foto realistici.

3.1.1. *Tab Render*

Per prima cosa, prima di addentrarci nell'utilizzo pratico di questo motore di *rendering*, dobbiamo, come già fatto per *Render Blender*, analizzare le impostazioni *software* e *hardware* di questo motore, contenute nel *tab Render* della finestra *Properties*.

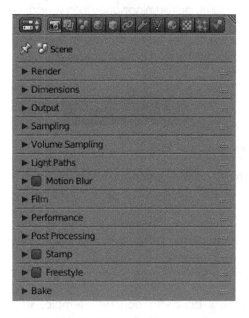

fig. 158 il *tab Render* della finestra *Properties*

I pannelli contenuti in questo *tab* differiscono leggermente rispetto a quelli relativi per *Render Blender*. Alcune impostazioni, infatti, vengono adattate al funzionamento di *Cycles*, con cui *Blender Render* non è in alcun modo compatibile (e viceversa).

Occorre quindi chiarire che, una volta creati dei materiali in *Blender Render* o in *Cycles*, passare ad un altro motore di *rendering* renderà il lavoro precedentemente fatto inutile.

Alcuni pannelli, come detto, sono identici e le impostazioni non verranno ripetute, rimandandole al capitolo precedente. I pannelli comuni sono: *Dimensions, Output, Stamp* e *Freestyle*.

Non sono presenti in *Cycles*, sostituiti da altri pannelli dedicati: *Antialiasing, Sampled Motion Blur, Shading*.

Presentano differenze, invece: *Render, Performance* e *Post Processing*.

Infine sono pannelli dedicati esclusivamente a *Cycles*: *Sampling, Volume Sampling, Light Paths, Motion Blur* e *Film*.

Il pannello *Bake* verrà invece descritto alla fine del presente capitolo.

Il pannello **Render** attiva la possibilità di utilizzare la *GPU* come *hardware* per la renderizzazione, qualora impostata questa opzione nelle preferenze (*Cuda*).

fig. 159 il pannello *Render* impostato su *GPU Compute*

151

In questo pannello è possibile lanciare i processi di *rendering* di una immagine (pulsante *Render*), di una animazione (pulsante *Video*) o di una sequenza di suoni (*Audio*).

Il menu *Display* definisce in quale finestra deve essere visualizzato il *rendering*. *Image Editor* visualizza il risultato nell'omonima finestra; *Full Screen* a tutto schermo; *New Window* in una nuova finestra; *Keep UI* in modo che l'interfaccia utente (*UI*) non venga in nessun modo modificata.

Feature Set consente di accettare eventuali *features* da sviluppatori esterni.

Device permette di scegliere se il calcolo dovrà essere effettuato dal processore (*CPU*) o dalla scheda video (*GPU*).

Il pannello **Sampling** agisce negli algoritmi di campionamento del *rendering*.

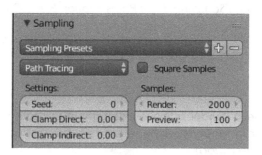

fig. 160 il pannello *Sampling*

Il primo menu a tendina permette di agire nell'ambito della *Preview* o del *rendering* finale (*Final*).

Il secondo menu è detto *Integrator* e permette di impostare l'algoritmo di *rendering* che calcola l'illuminazione.

Impostando il parametro su *Path Tracing* l'algoritmo permette a *Cycles* di calcolare la maggior parte delle configurazioni di illuminazione, utilizzando i rimbalzi della luce, specie quelli con luce diretta. Potrebbe invece essere non adatto per situazioni di illuminazione particolari come le *caustiche*.

Impostando invece il parametro su *Branched Path Tracing* ogni rimbalzo di luce sarà diramato in modo da ottenere molti più campioni. Tale processo ovviamente si rivelerà molto più lento nel calcolo.

La sezione sulla destra (*Samples*) definisce il numero di campioni che devono essere calcolati nel *rendering*.

Questi devono essere impostati dall'utente in base alla potenza del proprio sistema di calcolo e in base al risultato finale che si desidera ottenere. Maggiore sarà il numero dei campioni, migliore sarà la definizione del *render*. È possibile impostare il numero di campioni per il *render* finale (*Render*) e per il *preview* (*Preview*).

La sezione a sinistra invece contiene le impostazioni (*Settings*) sul campionamento.

Seed è un generatore casuale di campionamenti, per il quale ad ogni valore, viene generata una configurazione diversa di campioni.

I due parametri di seguito sono utili, benché di complesso e delicato utilizzo, per gestire il rumore e i disturbi del *rendering* causati da diversi fattori. Prima di spiegarne il funzionamento, analizziamo le cause principali di rumore.

Il rumore può essere presente in una scena renderizzata a causa di molteplici fattori, primo fra tutti la scarsa illuminazione (è molto complicato ottenere *render* accettabili in condizioni di semibuio, ad esempio). Ulteriori cause di rumore sono i forti e netti contrasti fra zone illuminate e zone in ombra (dettati da forti fonti luminose che *bruciano* l'immagine); un numero non sufficiente di

153

rimbalzi, specie tra superfici lucide o trasparenti; la presenza di *caustiche* (i riflessi e le ombre generati di solito dai liquidi su superfici solide, si pensi alle piscine); pannelli luminosi in zone non sufficientemente illuminate...

Tutti questi fattori possono generare rumore sotto forma di grana o, peggio ancora di *fireflies*, *pixel* bianchi nella scena, simili a lucciole.

Un primo modo per risolvere il problema prevede di agire direttamente e correggere l'illuminazione. Occorrerà fare in modo di ridistribuire i raggi di luce in modo casuale all'interna della scena, in modo che non ci siano punti troppo luminosi specifici. Per ottenere questo servono necessariamente molti più campioni (*Samples*).

Con alcuni accorgimenti possiamo inoltre ridurre il rumore, sfocando i punti luminosi, rendendoli più grandi e meno intensi. Le impostazioni di messa a fuoco saranno determinanti per ottenere questo risultato.

fig. 161 questa immagine renderizzata ha prodotto molto rumore e *fireflies* (specie sul ponte in ghiaccio)

Un terzo metodo prevede di non produrre le *caustiche*, eliminandole dal processo di calcolo (vedi in seguito).

I caso di superfici speculari (vetri, specchi e metalli molto riflettenti) o di superfici trasparenti, sarà necessario contare il numero dei rimbalzi o delle trasmissioni massimi che verranno calcolati e impostarli nel pannello *Light Paths*, che vedremo in seguito.

Oltre a questi metodi, possiamo tentare quindi di agire sui parametri *Clamp* (*Direct* e *Indirect*).

Queste opzioni spengono tutti i *pixel* di un'intensità superiore a quella definita da una certa soglia e riducono il rumore a scapito della precisione. Con un valore impostato a 0, questa opzione è disattivata.

Il problema di questi parametri è che influiscono sulla luminosità di tutta la scena, ammorbidendo, sì, le zone troppo illuminate ed eliminando i *fireflies*, ma perdendo la brillantezza e la veridicità dei colori precedentemente definiti.

Quindi è necessario un equilibrio tra la riduzione del rumore e il risultato finale.

fig. 162 la stessa scena in cui, a sinistra il disturbo è presente, causato dalla forte illuminazione; a destra il rumore ridotto e l'illuminazione ammorbidita

155

Volume Sampling imposta il campionamento dei volumi e degli effetti volumetrici.

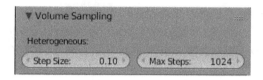

fig. 163 il pannello *Volume Sampling*

Step Size definisce la distanza tra i campioni durante il processo di *rendering* del volume, per cui, per valori più bassi, migliora il risultato ma aumentano i tempi di calcolo.

Max Steps imposta il numero massimo di *step* all'interno del volume, prima che venga interrotto il processo di campionamento, per evitare tempi di attesa estremamente lunghi, specialmente per oggetti particolarmente grandi.

Il pannello **Light Paths**, di cui si è già trattato all'inizio del primo volume, è importantissimo per definire in Blender il comportamento della luce in base alla scena e al progetto su cui si sta lavorando.

In questo pannello si definiscono i rimbalzi tra superfici e il numero di attraversamenti di superfici trasparenti.

Va tenuto presente che, alzare i valori oltre i limiti imposti dalla scena, se non strettamente necessario, potrebbe rivelarsi controproducente con tempi di calcolo estremamente e inutilmente lunghi.

Ad esempio, immaginiamo di avere una scena con soltanto due corpi riflettenti, peraltro a distanza considerevole. A seconda del punto di vista, esagerare impostando un numero di rimbalzi su superfici riflettenti (*Glossy*) imporrebbe a Blender di proseguire a calcolare rimbalzi di luce non richiesti.

156

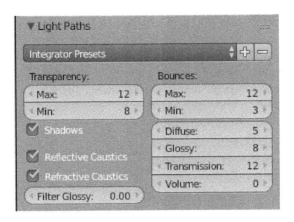

fig. 164 il pannello *Light Paths*

Va da sé che valori predefiniti e pre impostati non esistono, in quanto dipendenti esclusivamente dal progetto in corso.

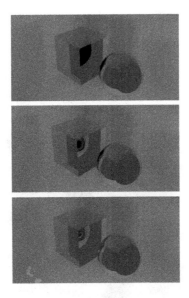

fig. 165 la stessa scena rappresentante due solidi completamente lucidi che si riflettono tra loro con il parametro *Glossy* impostato rispettivamente a 1 rimbalzo, 2, 8. Si noti come il numero dei rimbalzi superiore annulla le zone nere, che indicano una interruzione di riflessioni e rimbalzi della luce

157

Nel pannello, la prima voce è un menu in cui occorre definire su che tipo di illuminazione si predilige lavorare: illuminazione diretta (*Direct Light*), illuminazione globale (*Full Global Illumination*) o su *Integrator Preset* che fornisce una impostazione predefinita. Possono eventualmente essere aggiunte o eliminate altre impostazioni personalizzate.

Nella parte sinistra, troviamo la sezione *Transparency*, in cui impostare il numero minimo e il numero massimo di passaggi dei raggi luminosi attraverso le superfici trasparenti.

Shadow permette alla luce di proiettare le ombre degli oggetti trasparenti.

Sulla destra, nella sezione *Bounces*, si impostano i rimbalzi generici (minimo e massimo) nella scena, e, più nello specifico i rimbalzi della luce sul colore (*Diffuse*), con le riflessioni (*Glossy*), con le trasmissioni (*Transmission*) e attraverso i volumi (*Volume*).

Le spunte su *Reflective Caustics* e *Refractive Caustics* attivano o disattivano gli effetti prodotti dalle caustiche, che aggiungono maggiore realismo, a scapito della qualità e dei tempi di calcolo, mentre *Filter Glossy* riduce il rumore che può essere conseguenza di eccessivi rimbalzi.

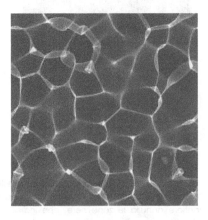

fig. 166 le caustiche producono con l'acqua il tipico effetto luminoso a ragnatela

Il pannello **Motion Blur**, se attivata la spunta, consente di produrre la tipica sfocatura della scia a seguito di un movimento.

Il parametro *Shutter* imposta il tempo di chiusura e apertura dell'otturatore tra un fotogramma e l'altro che determina la sfocatura tra una immagine e l'altra.

fig. 167 il pannello *Motion Blur*

Cycles simula il comportamento reale della luce e, con esso, il comportamento della fotocamera o della videocamera virtuale.

Per questo motivo, nel pannello **Film**, possono essere ulteriormente definite le caratteristiche della pellicola virtuale su cui si sta scattando la fotografia o su cui si sta registrando il filmato.

fig. 168 il pannello *Film*

Exposure regola l'esposizione.

Transparent, se attivata la spunta, renderizza e imprime sulla pellicola virtuale lo sfondo come trasparente se non è stato impostato alcun *background*.

Può essere definito un filtro sui *pixel* nel menu a tendina sulla destra, tra *Gaussian* e *Box*, regolandone ulteriormente la definizione nel contatore *Width*.

Differisce leggermente dall'omonimo pannello in ambiente *Render Blender* **Performance**.

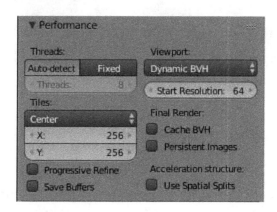

fig. 169 il pannello *Performance*

I parametri *Thread*, *Tiles* e *Start Resolution* sono gli stessi rispetto a quelli già analizzati in precedenza, con l'aggiunta del menu a tendina *Tile Order* che impone a Blender un determinato metodo di composizione dell'immagine durante il processo di renderizzazione, iniziando ad esempio dal centro, da sinistra verso destra in alto etc.

Ricordiamo che è consigliabile, a seguito di specifiche prove tecniche, di impostare i valori *X* e *Y* (dimensioni dei *Tiles*, o riquadri di *rendering*) a 256 se si utilizza la *GPU* e a 64 se si utilizza la *CPU*.

Il menu *Viewport* consente di scegliere se ottenere un *rendering* più rapido o un *refresh* dell'immagine più accurato durante la fase di calcolo. Ciò è definibile scegliendo una delle due opzioni a disposizione:

- *Dynamic BVH*, che opta per una renderizzazione più lunga e un *refresh* più accurato;

- *Static BVH*, che utilizza il metodo opposto.

Spuntando *Cache BVH*, l'immagine renderizzata verrà tenuta in memoria nel disco, se la geometria non verrà modificata.

Persistent Images mantiene in memoria l'immagine renderizzata in caso di nuova renderizzazione della stessa, al fine di velocizzare l'operazione di calcolo.

Spuntando l'ultima opzione *Use Spatial Splits* Blender tenta di accelerare il processo di calcolo.

Il pannello **Post Processing** è simile a quello dedicato al motore *Blender Render.*

Esso permette di attivare o disattivare le funzioni di *compositing* (se abilitate, vedi in seguito) e di *sequencer*, al fine di operare in post produzione sulle immagini e sul risultato finale prodotto dal calcolo di *rendering.*

Inoltre, permette di impostare un limite di rumore (*Dither*) nel *rendering* al fine di una migliore post produzione.

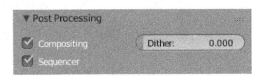

fig. 170 il pannello *Post Processing*

Una volta impostato al meglio *Cycles* in base all'*hardware* di cui si dispone, possiamo iniziare a parlare di materiali.

3.2. Materiali

Come già accennato, un materiale è dado da una serie di parametri e ombreggiatori tra loro interagenti.

È proprio con l'interazione fra i parametri (definiti come **nodi** in Cycles), che questo motore di rendering imposta la composizione di un materiale.

3.2.1. Tab Material

Per assegnare un materiale in Cycles, si esegue la stessa operazione già vista in Blender Render.

Nel tab Material, è necessario cliccare su New per creare un materiale da zero, oppure, cliccando sull'icona a sinistra raffigurante una sfera colorata caricarne uno esistente, se presente.

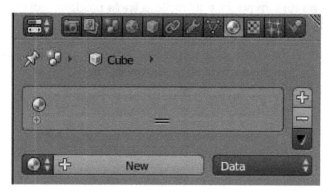

fig. 171 creare un nuovo materiale in Cycles

Scegliendo New si attiveranno tutti i pannelli relativi ai materiali di Cycles, che andiamo ad esaminare uno per uno.

fig. 172 il *tab Material* in *Cycles*

163

La parte superiore del pannello non presenta alcuna differenza con *render Blender*.

È presente, infatti, la lista dei materiali assegnati all'oggetto, il nome del materiale corrente selezionato e la finestra di **Preview**.

Vi consigliamo di rileggere quanto precedentemente descritto nel capitolo inerente *Blender Render*, qualora non fossero chiare alcune funzioni.

Il pannello più importante, su cui si basa l'intera composizione del materiale è **Surface**.

In questo pannello sono riportati, secondo la logica definita graficamente nei nodi, tutti gli ombreggiatori (*shader*), le *texture*, e le funzioni matematiche e vettoriali che definiscono il comportamento di ogni singolo elemento.

fig. 173 il menu associato allo *shader*

164

Creando un nuovo materiale, si attiveranno in automatico solo due nodi: un *Diffuse* e un *Material Output*. Al *Diffuse* è ovviamente associato un colore (*Color*), un parametro di ruvidezza (*Roughness*) ed eventualmente un effetto di rilievo (*Normal*).

Sulla destra di ogni voce è riportato un piccolo punto, il quale sta a indicare che, cliccando sul pulsante, si aprirà un menu dedicato al tipo di nodo (o elemento) selezionato.

Ad esempio cliccando su *Diffuse* si aprirà una tendina che permetterà di cambiare il tipo di ombreggiatore (*shader*) tra quelli disponibili nella lista.

Un materiale può essere creato utilizzando questo pannello, tuttavia sconsigliamo, a meno di semplici e rapide operazioni, di lavorare su questo pannello, prediligendo invece l'uso del **Node Editor**, che spiegheremo a breve.

Man mano che si aggiungono informazioni (nodi) al complesso sistema che determinerà un materiale, queste si aggiorneranno in tempo reale sia nel *Node Editor* sia in pannelli specifici del *tab Material*.

Accanto a ogni *shader*, inoltre, apparirà un piccolo pulsante sulla sinistra, con un piccolo + o un – che indicano la possibilità di espandersi o contrarsi, svelando le informazioni aggiuntive. Verrà fatto un esempio in seguito.

Il pannello **Volume** funziona in modo analogo e si riferisce ad effetti volumetrici, di cui parleremo più avanti nello specifico.

Il pannello **Displacement** avrà modo di essere trattato in modo esauriente in seguito e pertanto, per il momento, non verrà descritto.

Infine, l'ultimo pannello, **Settings**, contiene tutte le impostazioni relative al materiale applicato all'oggetto.

Le prime due opzioni a spunta si riferiscono alle superfici.

Spuntando *Multiple Importance*, *Cycles* utilizzerà un campionamento superiore per il materiale cui si riferisce. La disattivazione dell'opzione può ridurre il rumore complessivo per oggetti di grandi dimensioni che emettono poca luce rispetto ad altre fonti di luce.

Transparent Shadows, se spuntato, consentirà un campionamento superiore per i materiali trasparenti (a cui è associato uno *shader Transparent*). La disattivazione comporta tempi di *rendering* inferiori ma ombreggiatura meno definita.

Le seconde due opzioni, sul lato destro, si riferiscono invece al volume.

Il menu *Volume Sampling* determina il metodo di calcolo del campionamento del colore sul volume. *Distance* è indicato per volumi densi con luci lontane; *Equiangular* per effetti volumetrici poco densi e illuminazione vicina; *Multiple importance* combina i primi due.

Il secondo menu, *Volume Interpolation*, calcola il metodo di interpolazione dell'ombreggiatura secondo una delle due opzioni a disposizione: *Linear* per volumi sommariamente smussati (calcolo più rapido); *Cubic* per volumi con smussature ad alta definizione (calcolo più lento).

La spunta su *Homogeneus* permette tempi di *rendering* più rapidi rendendo uniforme la densità del volume.

Le tavolozze *Viewport Color* e *Specular Color* permettono di assegnare un colore all'oggetto selezionato con quel determinato materiale, rispettivamente per il *Diffuse* e per la riflessione, in modo da poter riconoscere nella 3D view la natura del materiale anche in modalità *Solid*.

I cursori *Alpha* permettono una visualizzazione nella 3D view del canale trasparente, se presente.

Pass Index, infine assegna un numero indicizzato a quel materiale, in modo da poter essere assegnato a funzioni esterne, come ad esempio i *Render Layer*, di cui si tratterà in seguito.

A questo punto, la descrizione sommaria dei pannelli del *tab Material* può essere tranquillamente interrotta, poiché dovremo finalmente introdurre il concetto dei nodi, vero cuore di Cycles, che verranno trattati in modo esauriente.

3.2.2. Il *Node Editor*

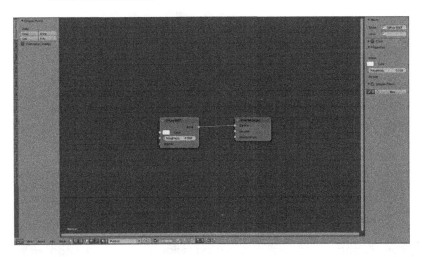

fig. 174 il *Node Editor*

Consigliamo di lavorare con più finestra accostate, in modo da poter visualizzare nella 3D view in tempo reale il risultato di una modifica del materiale effettuata nel *Node Editor*.

Sostituiamo, ad esempio, la finestra *Timeline* con il *Node Editor* (l'icona corrispondente raffigura due piccoli rettangoli in connessione tra loro) e allarghiamola.

Come tutte le finestre, anche il *Node Editor* è dotato di *header* e, nella fattispecie anche delle barre laterali *Tools Shelf* e *Properties* dedicate ai nodi.

Nell'area centrale di lavoro, una volta creato il nuovo materiale, saranno riportati i due nodi tra loro connessi *Diffuse* e *Material Output*. Questa è la rappresentazione grafica di quanto specificato nel precedente pannello *Surface*.

Questa configurazione sta a significare che il materiale (*Material Output*) è definito da un colore diffuso bianco (*Diffuse*).

Per facilitare la lettura dei nodi, vi consigliamo di allenarvi a leggere da destra verso sinistra.

All'interno del *Node Editor* è possibile navigare esattamente come nella 3D view, effettuando uno spostamento tenendo premuta la rotella del mouse e zoomando ruotandola. Non è possibile orbitare in quanto la finestra è bidimensionale.

Gli stessi nodi possono essere selezionati con gli stessi metodi di selezione degli oggetti della 3D view; scalati, cliccando e trascinando i bordi; duplicati, con SHIFT + D; eliminati, con X o CANC.

Ma cosa si intende esattamente peri **nodi**?

Rappresentati graficamente da rettangoli smussati, i *nodi* sono un insieme di sorgenti di dati, filtri, funzioni matematiche o destinazioni, uniti tra loro attraverso specifiche connessioni dette *socket* (pallini colorati alle estremità della casella), lungo un flusso (una curva).

Esistono diversi tipi di nodi, appositamente raggruppati da Blender per funzione primaria. Alcuni gruppi di nodi in questa fase non saranno visualizzati perché propri dell'ambiente *compositing*, che affronteremo più avanti.

Blender dispone quindi di nodi disponibili per la creazione dei materiali, suddivisi in 10 gruppi.

fig. 175 inserimento dei nodi suddivisi per gruppi

- gruppo **Input** che comprende tutti quei nodi sorgente da assegnare specifici gruppi di altri nodi;

- gruppo **Output**, che comprende i nodi di destinazione, ovvero di *output* del sistema di interazione tra nodi;

- gruppo **Shader**, uno dei più importanti e utilizzati, che racchiude tutti gli ombreggiatori, caratteristiche proprie dei vari materiali;

- gruppo **Texture**, che include tutti i nodi che hanno una qualsiasi relazione con le *texture*;

- gruppo **Color**, in cui sono presenti i nodi che regolano il colore;

- gruppo **Vector**, che comprendono i nodi che influiscono sui parametri legati al rilievo e alla mappatura;

- gruppo **Converter**, in cui si trovano nodi utili per eseguire calcoli e funzioni matematiche tra i parametri di altri nodi;

- gruppo **Script**, legato alla programmazione che non verrà trattato in questa opera;

- gruppo **Group**, che permette di raggruppare tra loro nodi;

- gruppo **Layout**, che permette di visualizzare i nodi all'interno di riquadri, per una più semplice lettura e comprensione delle connessioni;

> **NOTA: Modificando la composizione dei nodi nel *Node Editor*, in tempo reale verrà aggiornato anche il pannello *Surface* (o Volume) del *tab Material*, e viceversa.**

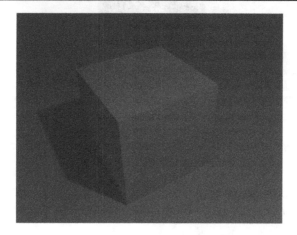

fig. 175 il cubo renderizzato su cui è stato applicato un semplice materiale *Diffuse* produce ombra se illuminato, ma non riflette altri oggetti o punti luce

Il materiale appena creato, come detto, è semplicemente rappresentato da un colore diffuso. Se lanciamo il *rendering* otteniamo un'immagine piatta, semplice. Questo perché, come

170

spiegato in precedenza, ogni oggetto reagisce alla luce in modo differente e secondo le caratteristiche del materiale di cui è composto, contenitore questo di differenti ombreggiatori in connessione tra loro. Ovvio che un materiale composto da un solo e semplice colore (*Diffuse*) non è realistico. Quasi tutti i materiali per quanto semplici, ad esempio, hanno una componente di riflessione, spesso un rilievo.

Per creare un materiale complesso occorre quindi aggiungere dei nuovi nodi e metterli tra loro in connessione secondo una precisa logica.

Per aggiungere un nodo nel *Node Editor* ci sono tre modi:

1) analogamente alla 3D view, si possono aggiungere nodi con la combinazione di tasti SHIFT + A;

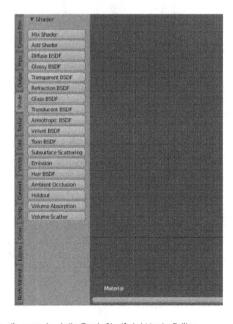

fig. 177 inserimento di un nodo dalla *Tools Shelf* del *Node Editor*

2) selezionando i relativi pulsanti all'interno dei *tab* della *Tools Shelf* del *Node Editor*, adeguatamente già suddivisa in base al raggruppamento precedentemente descritto;

3) selezionando il nodo dal gruppo corrispondente cliccando sul menu *Add* posto nell'*header* del *Node Editor*.

fig. 178 inserimento di un nodo dal menu *Add*

Lo schema già analizzato in precedenza circa la composizione base di un materiale generico, con *Cycles* assume un significato ancora più chiaro.

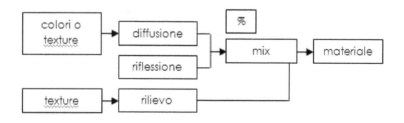

fig. 179 schema base della composizione di un materiale

172

Questo schema, di fatto, rappresenta già una configurazione di nodi, che può essere fedelmente riprodotta.

Abituarsi, almeno all'inizio, a pensare una configurazione in modo schematico, magari disegnando lo schema su carta, può essere un ottimo metodo di lavoro.

Ma come connettere tra loro i nodi?

Grazie a speciali "cavi", detti *flussi*, rappresentati da una curva.

Tali flussi uniscono, come detto due o più *socket*. Per collegare due nodi tramite i *socket* è sufficiente trascinare, tenendo premuto LMB, un *socket* fino al secondo e il flusso (la curva) si visualizzerà, agganciandosi automaticamente in prossimità di un *socket*. Rilasciando LMB si confermerà la scelta.

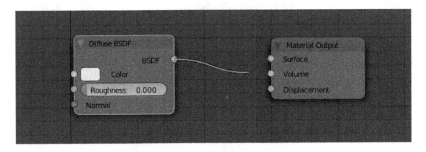

fig. 180 collegamento tra due nodi

Si sarà notato certamente che i vari nodi sono dotati di più *socket* in ingresso (lato sinistro) e in uscita (lato destro) e che tali *socket* sono di colori diversi.

Innanzi tutto è bene chiarire che possono essere collegati solo *socket* in ingresso con *socket* in uscita (anche più di uno contemporaneamente).

I colori dei *socket* rappresentano poi specifiche funzioni, nel dettaglio:

- i *socket* verdi trasmettono o ricevono dati riferiti all'ombreggiatura (*shader*);

- i *socket* gialli trasmettono o ricevono dati e informazioni relativi ai colori;

- i *socket* grigi trasmettono o ricevono dati numerici;

- i *socket* **indaco** trasmettono o ricevono dati e valori di tipo vettoriale (mappatura, altezza, rilievo, etc...).

Verrebbe da pensare che possono essere collegati tra loro soltanto *socket* dello stesso tipo / colore. Ciò è vero solo in parte. Infatti potrebbero verificarsi spesso casi in cui valori numerici definiscono l'andamento di una variazione di colore e casi analoghi.

Prima di analizzare uno per uno tutti i nodi, proviamo a svolgere un primo semplice esercizio.

Allo stato attuale il cubo in esame ha impostato soltanto il colore (*Diffuse*). Nell'esercizio di seguito lo renderemo riflettente.

 ESERCIZIO N. 3: RENDERING DI UN MATERIALE RIFLETTENTE

Per rendere riflettente un materiale è necessario aggiungere un ombreggiatore (*shader*) dedicato. Tale ombreggiatore è detto **Glossy** (letteralmente "lucido", "liscio", "brillante").

Selezionato il cubo nella 3D view, nel *Node Editor* vengono visualizzati i nodi che determinano il colore base impostato di *default*.

Aggiungiamo un nodo *Glossy*, scelto tra i nodi contenuti nel sottomenu *Shader* e posizioniamolo al di sotto del nodo *Diffuse*.

In questa fase questo nuovo nodo non può essere collegato a nessun altro nodo in modo da ottenere un preciso e logico significato.

Questo perché, se osserviamo il precedente schema, manca un nodo di unione tra i due.

Lo troviamo nello stesso sottomenu ed è detto **Mix Shader**.

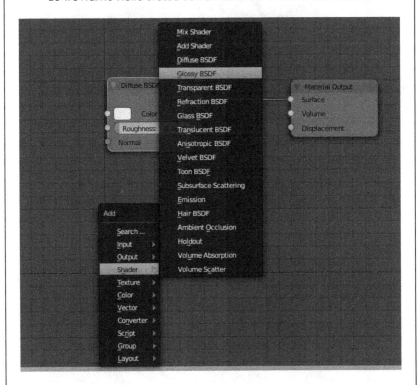

fig. 181 aggiunta di un nodo *Glossy*

Questo nodo presenta due *socket* verdi in ingresso e uno in uscita ad indicare che su esso possono essere collegati due nodi di tipo *shader* e *mixati* tra loro in un unico canale di uscita.

175

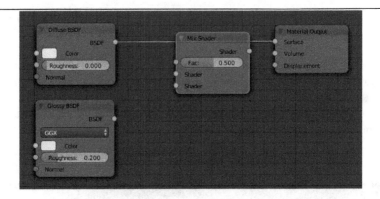

fig. 182 aggiunta di un *Mix Shader*

Avvicinando il nodo al flusso (la curva) di collegamento fra l'uscita del *Diffuse* e l'ingresso *Surface* del nodo *Material Output*, questa si colorerà di giallo, a segnalare che confermando l'inserimento del nodo in quella zona del *Node Editor*, Blender opererà automaticamente il collegamento corretto.

Confermiamo l'inserimento. Il nodo *Mix Shader* sarà interposto tra il *Diffuse* e il *Material Output*.

Colleghiamo ora il *socket* verde di uscita del *Glossy* al secondo ingresso in basso del *Mix Shader*.

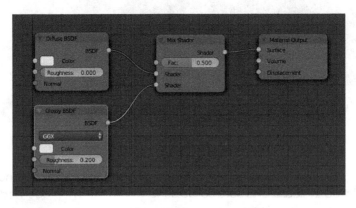

fig. 183 collegamento di due *shader* al *Mix Shader*

Questo procedimento sta a significare che due *shader* saranno miscelati al 50% dal *Mix Shader*, secondo il parametro *Fac* (fattore di bilanciamento) di quest'ultimo.

È possibile variare il bilanciamento. Per valori tendenti allo 0 si otterrà una presenza maggiore dello *shader Diffuse*, per valori tendenti a 1, presenza maggiore del *Glossy*.

Automaticamente, nel frattempo, si saranno aggiornate e aggiunte nel pannello *Surface* del tab *Material* le rappresentazioni analitiche dei nodi.

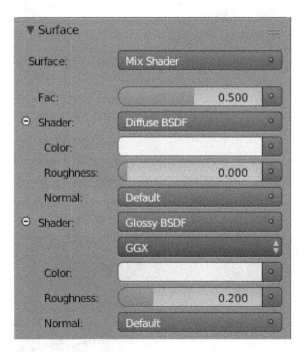

fig. 184 il pannello *Surface* aggiornato

Proviamo a renderizzare la nostra scena. Il cubo è ora diventato più riflettente alla luce e agli eventuali altri oggetti.

fig. 185 rendering della scena

Proviamo a modificare il valore del *Fac* per osservarne il risultato.

Così come in ambiente *Render Blender* il pannello *Preview* mostra l'anteprima del materiale impostato.

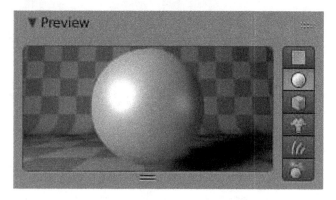

fig. 186 il pannello *Preview* mostra un'anteprima del materiale

Analizziamo ora il nodo *Diffuse*.

Come sappiamo, questo rappresenta la colorazione (piatta o complessa che sia) del materiale.

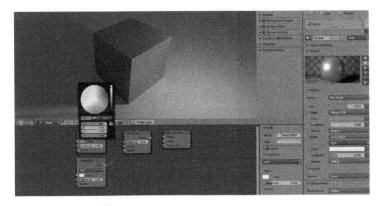

fig. 187 modifica del colore del *Diffuse*

Nello schema possiamo osservare che al *Diffuse* può essere applicato un ulteriore nodo che ne determini specificamente il colore. Per determinare e applicare un colore al *Diffuse* dovremmo quindi aggiungere un nodo. Tuttavia, nel nostro caso, trattandosi di un colore semplice e non complesso, l'aggiunta di un nodo che definisca un colore *RGB* è inutile, in quanto già la tavolozza dei colori è già presente nel nodo stesso. Proviamo a cambiare il colore del *Diffuse* da bianco a rosso, cliccando nella casella bianca e agendo sulla tavolozza.

Naturalmente, differente sarà l'operazione, nel caso volessimo assegnare al materiale (e quindi al *Diffuse*) una *texture*, una configurazione particolare di colori adeguatamente miscelata o una *texture procedurale*. Vedremo in seguito come fare.

Come ultimo passo di questo esercizio, vogliamo fare in modo che il bilanciamento fra i due ombreggiatori non sia definito da un semplice valore percentuale (*Fac*), ma dall'indice di rifrazione, valore proprio di un certo materiale. Questo valore impone al materiale di riflettere la luce e gli altri oggetti in rapporto all'incidenza con la luce e con il punto di vista.

179

Angoli di incidenza maggiori produrranno una riflessione superiore, mentre angoli prossimi ai 90°, pressoché nessuna riflessione.

Tale effetto è assai realistico.

Aggiungiamo un nodo **Fresnel**, che si trova all'interno del gruppo *Input* e impostiamo un indice di rifrazione (IOR) a 1,450.

Colleghiamo l'uscita del nodo *Fresnel* all'ingresso grigio del *Mix Shader*, in corrispondenza del valore *Fac*. Questa operazione imporrà a Blender di considerare l'indice di rifrazione come valore di bilanciamento fra il colore (*Diffuse*) e la riflessione (*Glossy*).

L'effetto di riflessione apparrà ora ancora più realistico, sfumato e direttamente proporzionale all'angolo di incidenza.

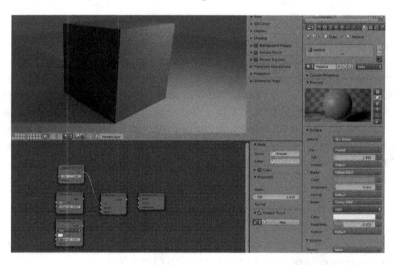

fig. 188 aggiunta del nodo *Fresnel* come fattore di bilanciamento fra il colore e la riflessione

A questo punto, dovreste esservi già fatti un'idea del funzionamento dei nodi.

180

Per avere un quadro più dettagliato e completo, tratteremo i nodi dell'ambiente Materiale, definito dall'icona con il cubo giallo nell'*header* del *Node* Editor, uno per uno, iniziando dal gruppo più importante, quello degli **Shader.**

A) NODI *SHADER*

DIFFUSE

Come già anticipato questo nodo rappresenta il colore principale del materiale, quello, cioè che viene respinto dalla gamma dei colori di cui fa parte il raggio di luce che investe un oggetto.

Tale nodo è composto da tre parametri e altrettanti *socket* di ingresso ad essi associati:

- *Color* con una tavolozza dedicata, sui cui impostare il colore. Sul *socket* giallo ad esso associato è possibile, ad esempio, connettere una *texture;*

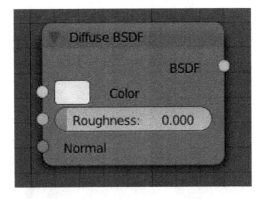

fig. 189 il nodo *Diffuse BSDF*

- *Roughness*, che definisce la rugosità del materiale. Sul *socket* grigio ad esso connesso si può, ad esempio, collegare un nodo di tipo matematico (*Converter*) che ne definisca l'entità;

- *Normal*, il cui valore può essere assegnato da un nodo esterno di tipo *Vector*, connesso al *socket* viola, che definisce il rilievo.

Il nodo *Diffuse* dispone di un'uscita di colore verde che potrà essere solitamente connessa ad un nodo *Mix Shader* per il missaggio fra due nodi o direttamente a un nodo del gruppo *Output*.

GLOSSY

Anche il **Glossy** è stato già analizzato nell'esercizio precedente. Tale nodo definisce ciò che in *Blender Render* era rappresentato dagli *shader Mirror* e *Specular*.

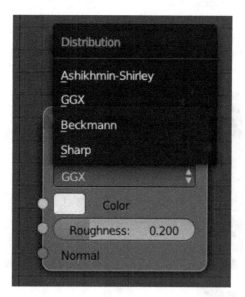

fig. 190 il nodo *Glossy BSFD*

Questo nodo offre gli stessi parametri del *Diffuse* ad eccezione di un menu a tendina, detto *Distribution*, che determina l'algoritmo che genera l'effetto di riflessione.

Sono disponibili 4 algoritmi: *Ashikmin-Shirley*; *GGX* (di *default*); *Beckmann*; *Sharp*.

TRANSPARENT

Questo nodo assegna al materiale una trasparenza, eventualmente colorata grazie all'unico parametro disponibile *Color* e alla tavolozza ad esso legata, oppure al *socket* giallo sul quale collegare nodi relativi al colore.

Normalmente tale nodo viene utilizzato per materiali che utilizzano il canale *alpha*.

fig. 191 il nodo *Transparent BSDF*

fig. 192 il *Preview* del nodo *Transparent* con colorazione rossa

183

REFRACTION

Lo *shader* **Refraction** è dotato dei parametri comuni al *Diffuse* e al *Glossy* (*Color*, *Roughness* e *Normal*) e dei relativi *socket* in ingresso.

Inoltre dispone di un menu a tendina che definisce l'algoritmo di calcolo a tre opzioni: *Beckmann*, *GGX* e *Sharp*; e di un contatore *IOR* in cui inserire l'indice di rifrazione proprio di quel materiale.

La rifrazione rappresenta la deviazione della luce che attraversa un solido trasparente come un fluido, la stessa atmosfera o un vetro. Tale deviazione del raggio luminoso è determinata proprio dall'indice di rifrazione.

fig. 193 il nodo *Refraction BSDF*

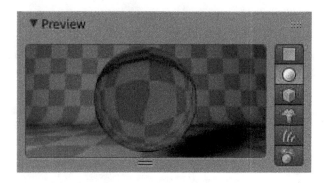

fig. 194 il *Preview* del nodo *Refraction*

184

I parametri dello *shader* **Glass** sono identici a quelli del precedente, ma il nodo è pre impostato e ottimizzato per simulare il comportamento di un vetro.

In realtà, tale *shader* si rivela non sufficiente per una corretta simulazione veramente realistica di questo materiale e necessita di essere missato con altri *shader*, come vedremo in seguito in un apposito esempio.

fig. 195 il nodo *Glass BSDF*

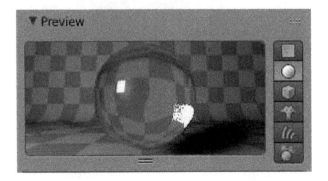

fig. 196 il *Preview* del nodo *Glass*

Questo *shader* simula il comportamento di un materiale semitrasparente, come ad esempio una tenda, che lascia filtrare in parte i raggi di luce.

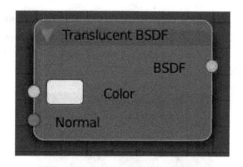

fig. 197 il nodo *Translucent BSDF*

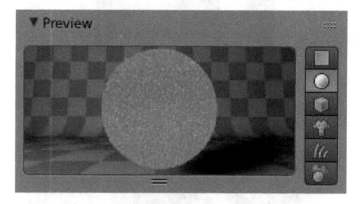

fig. 198 il *Preview* del nodo *Translucent*

Questo nodo dispone di soli due parametri (e altrettanti *socket* in ingresso): *Color*, a cui associare un colore o una trama; e *Normal*, a cui eventualmente associare un rilievo.

Alla fine della trattazione sarà fatto un esempio pratico di utilizzo.

186

Questo *shader* è particolarmente indicato per simulare metalli, la cui superficie tende a deviare la luce, descrivendo le tipiche curve, spesso concentriche.

Si pensi ad esempio al fondo di una pentola o a una maniglia metallica.

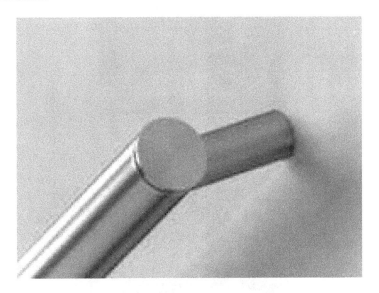

fig. 199 l'effetto dell'anisotropia sul tappo di sezione di questa maniglia

Anisotropic dispone dei parametri (e dei *socket* in ingresso associati ad essi) *Color*, *Roughness* e *Normal*, oltre al menu inerente all'algoritmo di calcolo dell'ombreggiatura, in cui scegliere una delle opzioni *Beckmann*, *GGX* e *Ashikmin-Shirley*.

Oltre a questi è disponibile il parametro *Rotation* che definisce la rotazione dell'effetto di anisotropia e *Tangent*, sul quale associare per mezzo del *socket* viola, un nodo esterno, presumibilmente appartenente alla categoria *Vector*.

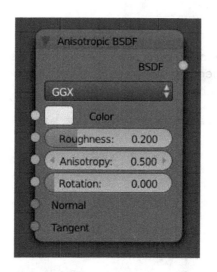

fig. 200 il nodo *Anisotropic BSDF*

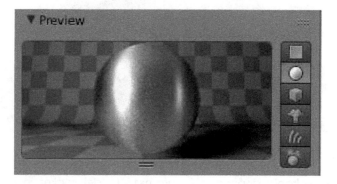

fig. 201 il *Preview* del nodo *Anisotropic*

VELVET

Di solito missato con un *Diffuse*, **Velvet** simula l'ombreggiatura cangiante di un velluto o di una microfibra.

188

Utile per riprodurre asciugamani, accappatoi, divani in Alcantara, velluto stesso, seta, questo *shader* dispone di tre soli parametri: *Color*, *Sigma* (che determina l'intensità dell'effetto cangiante) e *Normal*.

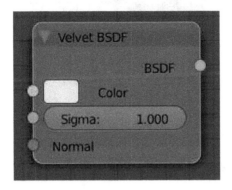

fig. 202 il nodo *Velvet BSDF*

fig. 203 il *Preview* del nodo *Velvet*,, missato con un *Diffuse* e impostato di colore il rosso

TOON

Questo *shader* è usato per i *rendering* in stile *cartoon*, con ombre, riflessioni e colpi di luce decisamente netti.

fig. 204 il nodo *Toon* *BSDF*

Per simulare correttamente tale effetto in un modello 3D, è necessario che vi sia una fortissima fonte di luce ad irradiare l'oggetto con questo materiale applicato, in modo da aiutare lo *shader* a svolgere la sua funzione di netta differenziazione dei colori in modo corretto.

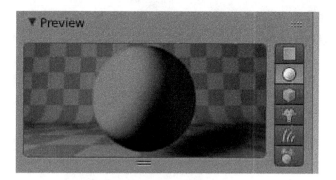

fig. 205 il *Preview* del nodo *Toon*, impostato come *Diffuse* di colore il rosso

Toon può essere impostato come *Diffuse* o come *Glossy* nell'apposito menu *Component*.

Inoltre è possibile definire il colore (*Color*) ed eventualmente un rilievo (*Normal*).

Infine i parametri *Size* e *Smooth*, definiti dai rispettivi cursori con valori compresi da 0 a 1, determinano le dimensioni della superficie soggetta ad illuminazione e la smussatura (o la durezza) dell'effetto.

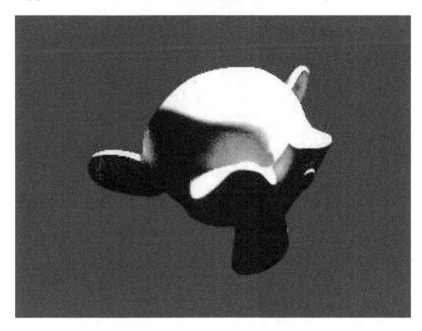

fig. 206 lo *shader Toon* su *Suzanne*

SUBSURFACE SCATTERING

Come visto nell'ambiente *Blender Render*, questo utile *shader* simula quella semitrasparenza propria di alcuni materiali come la pelle, la cera e alcuni materiali gelatinosi.

La luce riesce a penetrare all'interno della superficie, illuminandone parzialmente le parti interne.

191

L'effetto si presenta maggiormente visibili con fonti di luce posizionate dietro all'oggetto inquadrato.

fig. 207 lo *shader Subsurface Scattering* su *Suzanne*

Subsurface Scattering dispone di parecchi parametri.

Il menu *Falloff* permette di impostare l'algoritmo di calcolo fra *Cubic* e *Gaussian*. La prima è più semplice, definita dalla funzione $(r - x)^3$, dove *r* è il raggio e *x* la distanza; la seconda provoca un decadimento dell'illuminazione interna smussato.

Color definisce il colore base del materiale.

Scale controlla il fattore globale relativo al raggio di diffusione (*scattering*).

Radius apre un menu a tendina in cui è possibile definire con più precisione il raggio di diffusione per ciascun canale *RGB*.

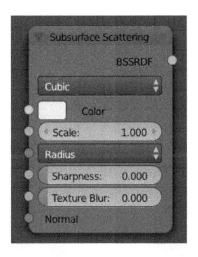

fig. 208 il nodo *Subsurface Scattering*

fig. 209 il *Preview* del nodo *Subsurface Scattering*

Sharpness funziona solo con Cubic e, per valori tra 0 e 1, riduce zone scure indesiderate.

Texture Blur permette di miscelare l'effetto di *scattering* con una *texture* applicata, che risulterà quindi pastosa, sfocata e ammorbidita.

Normal permette di impostare un effetto di rilievo sulla superficie.

193

Emission permette all'oggetto di emettere luce propria.

Utile per realizzare pannelli luminosi, illuminare la scena con uno sfondo emittente, lampadine, insegne, questo *shader* può trovare davvero tantissime applicazioni ed essere missato ad altri *shader*.

fig. 210 lo *shader Emission* permette a *Suzanne di emettere luce*

Questo *shader* dispone dei soli parametri *Color* e *Strength che* determina l'intensità dell'emissione.

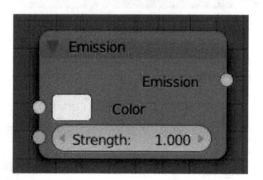

fig. 211 il nodo *Emission*

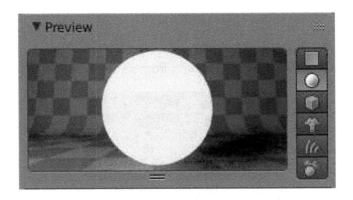

fig. 212 il *Preview* del nodo *Emission*

BACKGROUND

Questo nodo controlla l'emissione di luce dello sfondo. Può essere utilizzato solo per l'uscita *Surface* del *tab World*, connesso al nodo **World Output** (vedi in seguito). Viene ignorato in tutti gli altri casi.

È provvisto di due parametri: *Color* e *Strength*.

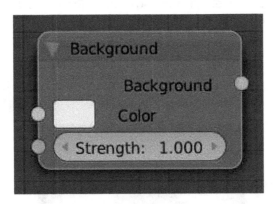

fig. 213 il nodo *Background*

HOLDOUT

Lo *shader* **Holdout** è utile per il *compositing*, per creare un "buco" nell'immagine con il valore di trasparenza *alpha* pari a 0.

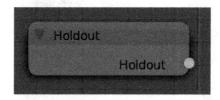

fig. 214 il nodo *Holdout*

AMBIENT OCCLUSION

Se attivata la spunta del pannello *Ambient Occlusion* nel *tab World*, questo *shader* permette di influenzare gli oggetti in cui è impostato questo *shader* in modo da essere ombreggiati secondo questo algoritmo.

Creando differenti materiali con questo nodo in diverse quantità, è possibile fare in modo che i vari oggetti nella scena possano essere influenzati in modo differente dall'*Ambient Occlusion* generale.

Questo nodo dispone del solo parametro di controllo sul colore (*Color*).

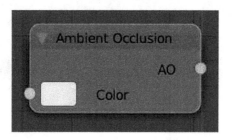

fig. 215 il nodo *Ambient Occlusion*

VOLUME SCATTER

fig. 216 *Suzanne* con il materiale creato da *Volume Scatter* assume un aspetto nebuloso

Questo nodo deve essere associato all'ingresso *Volume* del nodo *Material Output*, poiché consente di generare una dispersione dei raggi luminosi all'interno di un volume, ottenendo un aspetto fumoso, nebuloso, utile, appunto, per generare effetti volumetrici come nuvole e vapori.

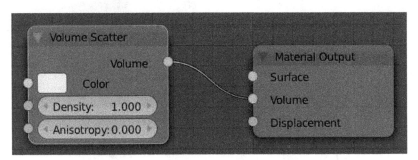

fig. 217 il nodo *Ambient Volume Scatter*

Dispone di due parametri:

- *Density* definisce la densità del volume, ovvero la resistenza ad essere attraversato dalla luce.

197

- *Anisotropy* regola il percorso della luce in modo simile a quanto già descritto per i metalli.

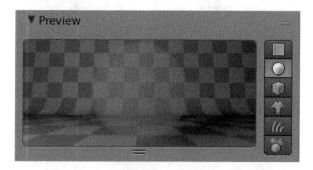

fig. 218 il *Preview* del nodo *Volume Scatter*

VOLUME ABSORBPTION

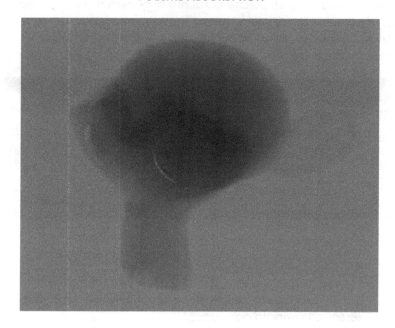

fig. 219 *Suzanne* con il materiale creato da *Volume Absorbption*

198

Questo nodo è molto simile al precedente ed è in grado di assorbire i raggi di luce in funzione del parametro *Density* e del colore *Color*.

Anche questo nodo può essere legato esclusivamente con il *socket* di ingresso *Volume* del nodo *Material Output*.

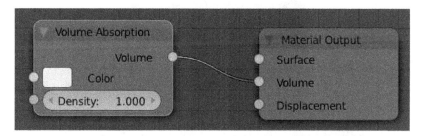

fig. 220 il nodo *Ambient Volume Absorption*

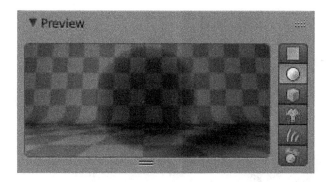

fig. 221 il *Preview* del nodo *Volume Absorption*

HAIR

Questo nodo viene usato per controllare il materiale de filamenti (peli, capelli, fili d'erba...) generati dal *Particle System* (vedi in seguito) su una *mesh*.

fig. 222 il nodo *Hair BSDF*

Il nodo controlla la trasmissione e la riflessione della luce sui filamenti (*Hair*).

Avremo modo di analizzare più nel dettaglio il sistema particellare in seguito.

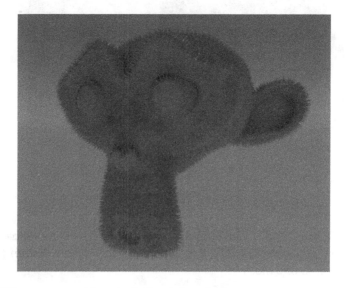

fig. 223 *Suzanne* con un sistema particellare *hair* applicato

MIX SHADER

Questo nodo, come già visto in precedenza nell'esercizio, è di fondamentale importanza per miscelare insieme più nodi *shader*.

I nodi *shader* collegati nei due *socket* di ingresso vengono miscelati fra loro secondo un parametro di bilanciamento percentuale *Fac* o secondo quanto definito da un nodo esterno che calcoli il fattore secondo un determinato algoritmo. Nell'esercizio si è ad esempio fatto uso del nodo *Fresnel* come fattore di bilanciamento.

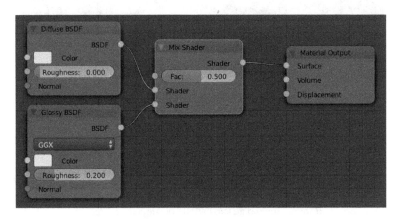

fig. 224 il nodo *Mix Shader* miscela tra loro due nodi *shader*

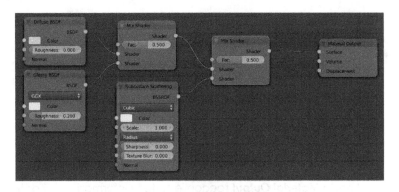

fig. 225 una composizione di nodi più complessa grazie all'uso di 3 *shader* e 2 *Mix Shader*

201

Per miscelare tra loro più nodi *shader* è necessario aggiungere altri nodi *Mix Shader*.

Add Shader è simile al precedente, ma, anziché bilanciare tra loro due *shader* secondo un fattore, li somma in egual misura, ragion per cui non dispone di alcun parametro di controllo specifico.

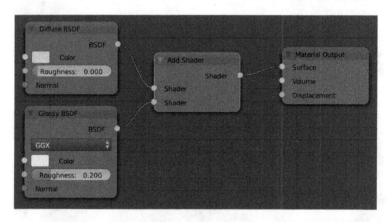

fig. 226 il nodo *Add Shader* somma tra loro l'effetto di due nodi *shader*

B) NODI *OUTPUT*

Questo gruppo è composto da due soli nodi e rappresentano il risultato finale, il canale di uscita di un sistema di nodi tra loro connessi. In pratica visualizzano il risultato finale di un materiale.

Il nodo **Material Output** raccoglie tutte le informazioni e i dati di un materiale.

202

Dispone di 3 *socket* in ingresso e, logicamente, trattandosi di un nodo terminale, di nessun *socket* in uscita.

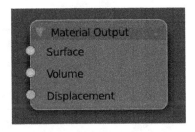

fig. 227 il nodo *Material Output*

I *socket* in ingresso sono:

- *Surface*, sul quale si connettono tutti i nodi che determinano il materiale di superficie di un oggetto;

- *Volume*, sul quale si connettono i nodi che determinano un effetto volumetrico;

- *Displacement*, sul quale generalmente viene collegata una *texture* o un nodo di tipo matematico che applica al materiale un rilievo.

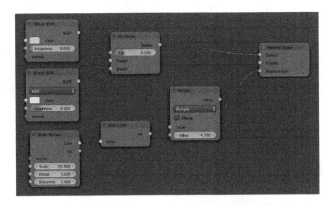

fig. 228 un sistema complesso di nodi tra i quali alcuni determinano l'effetto di rilievo (*Displacement*)

203

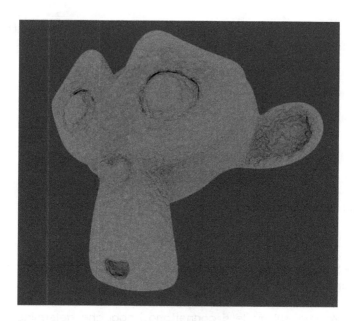

fig. 229 il risultato del materiale di cui ai nodi precedenti

LAMP OUTPUT

Il nodo **Light Output** è legato alla configurazione dei nodi associati a una fonte luminosa diretta (*Lamp*).

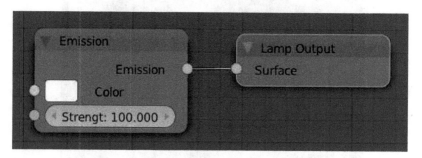

fig. 230 il nodo *Lamp Output*

C) NODI *TEXTURE*

Questo importante gruppo contiene tutti i nodi che hanno a che fare con l'inserimento di una *texture* da associare a un nodo *shader* oppure a un qualsiasi altro nodo in modo da fungere come fattore in base alla gamma cromatica, come vedremo in seguito con esempi pratici.

Una *texture*, di qualsiasi natura, che debba essere visualizzata su una *mesh* come colore o come rilievo, necessita della *scucitura* (*unwrap*) delle facce che la compongono, al fine di una corretta mappatura, esattamente come già visto in precedenza quando abbiamo parlato del motore di *rendering Render Blender*.

fig. 231 il gruppo di nodi *Texture*

205

Cycles funziona in modo assai differente rispetto a *Blender Render*. L'inserimento di una *texture* non avviene più attraverso il *tab Texture* della finestra *Properties* (*tab* il cui uso appare decisamente ridotto e marginale), ma con l'inserimento di uno specifico nodo connesso ad uno *shader*.

Teniamo a precisare e a chiarire che *texture* non significa "materiale", ma soltanto la sua componente colorata (*Diffuse*), o in alcuni casi, una componente differente, come ad esempio quella che definisce il rilievo di una superficie (*bump*).

Ribadiamo quindi, ancora una volta, che **un materiale è l'insieme di una certo numero di componenti, di cui il colore (*Diffuse*) e la *texture* ne rappresentano solo una parte.**

Image Texture permette quindi di associare una *texture* a uno *shader* e divenire parte di un materiale.

ESERCIZIO N. 4: APPLICARE UNA TEXTURE AL COLORE DI UN MATERIALE

In questo esercizio, spiegheremo, con pochi passaggi, come applicare una *texture* al materiale e impostarla come colore dominante (*Diffuse*).

Dopo aver assegnato un nuovo materiale alla mesh, Inseriamo un nodo *Image Texture* nel *Node Editor* con SHIFT + A.

Supponiamo che la *texture* rappresenti il colore diffuso dell'oggetto. Dovremo connettere l'uscita *Color* del nodo al *socket* di ingresso *Color* dello *shader Diffuse*. La tavolozza di quest'ultimo scomparirà poiché il colore sarà definito ora soltanto dalla *texture*.

Se proviamo a renderizzare l'oggetto, noteremo che questo è diventato magenta.

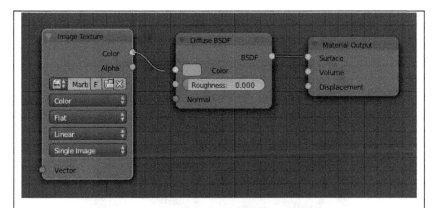

fig. 232 inserimento di un nodo *Image texture* e connessione con lo *shader Diffuse*

Il motivo è che nel nodo *Image Texture* non è stata caricata alcuna immagine.

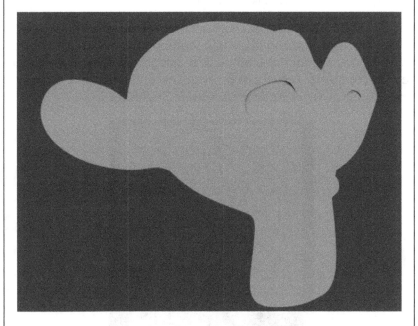

fig. 233 se non viene caricato un file nel nodo *Image Texture*, Blender visualizza in magenta la *mesh* renderizzata ad indicare la mancanza del *file*

Cliccando su *Open* all'interno del nodo *Image Texture*, si aprirà il *browser* da cui sarà possibile caricare il *file* desiderato.

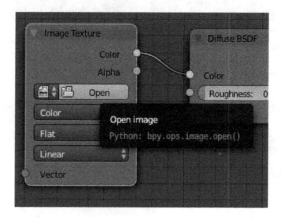

fig. 234 caricamento di un *file* nel nodo *Image Texture*

A questo punto, selezionata la *mesh*, entriamo in *Edit Mode* ed eseguiamo l'*unwrapping* (tasto U) e scegliamo il metodo più indicato a seconda del tipo di *mesh*, come spiegato in precedenza nel capitolo inerente l'*unwrapping*, eventualmente individuando delle linee di scucitura con il comando *Mark Seam* (tasto E).

fig. 235 posizionamento della *texture* sulla *mesh scucita* nella *UV/Image Editor*

Entrando nella finestra *UV/Image Editor*, possiamo scalare, ruotare e posizionare in modo corretto la *texture* sulla *mesh*.

A questo punto la *texture* potrà essere visualizzata applicata correttamente sulla *mesh*.

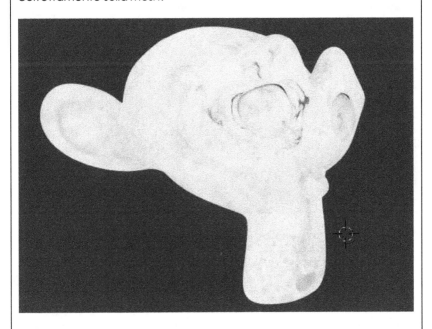

fig. 236 la *texture* applicata sulla *mesh*

Proviamo ora a modificare la connessione del nodo *Image texture* con il nodo, connettendolo non più al *Color* del *Diffuse* ma al *socket Displacement* del nodo *Material Output*.

Fra il nodo *Image Texture* e il *Material Output* aggiungiamo un nodo *Math*, fra i nodi *Converter* e impostiamolo come *Multiply* dal menu a tendina, aumentando sensibilmente il valore *Strength*.

Impostiamo il nodo *Image texture* come *Non Color Data*, per renderlo monocromatico in scala di grigi.

Che cosa è successo?

La *mesh* mostra un effetto di *displacement* definito proprio dalla *texture* e, per l'esattezza, nelle zone in cui la *texture* è più scura, sono visibili depressioni, mentre nelle zone dove la *texture* tende a toni più chiari, rilievi.

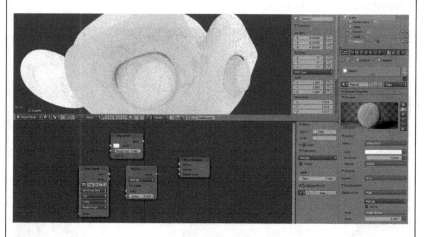

fig. 237 la *texture*, connessa al socket Displacement *del nodo* Material Output, opportunamente incrementata con un nodo matematico *math Multiply*, agisce come fattore di rilievo sulla mesh

In questo caso, la *texture* non agisce più come colore ma come fattore di bilanciamento fra rilievi e depressioni.

Il nodo *Math*, impostato come *Multiply* non fa altro che moltiplicare l'intensità dell'effetto.

Eliminiamo ora il nodo *Math* e aggiungiamo un nodo *Bump*, scelto fra le opzioni del gruppo *Vector*.

Colleghiamo il *socket* di uscita del nodo *Image Texture* con il *socket* in ingresso *Height* (cioè "altezza") e quindi il *socket* in uscita *Normal* con quello di ingresso omonimo del *Diffuse*.

L'effetto sarà analogo al precedente, ma il significato logico un po' differente.

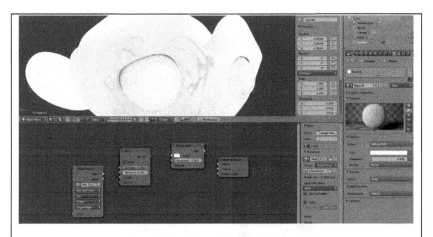

fig. 238 la *texture* connessa all'altezza del nodo vettoriale *Bump* determina l'altezza del rilievo

La *texture*, con la sua gradazione di grigi, funge ora da fattore per l'altezza del vettore *Bump* (cioè rilievo) che influisce sul vettore normale (*Normal*) del *Diffuse*.

Questi nodi verranno presi dettagliatamente in esame col procedere degli argomenti.

Analizziamo ora i parametri specifici del nodo *Image Texture*.

Il menu *Color Space* consente di visualizzare la *texture* come a colori (*Color*) o in scala di grigi (*Non-Color Data*).

Il menu *Projection* definisce il metodo di mappatura dell'immagine 2D sul modello 3D, tra *Flat* (metodo standard di proiezione secondo due assi x e y) e *Box* (che agisce in tre differenti direzioni, secondo il valore stabilito dal cursore dedicato *Blend*).

Il menu *Interpolation* regola l'interpolazione dei pixel sulla mesh e può essere impostato come *Linear*, *Closest*, *Cubic* e *Smart*.

211

L'ultimo menu, infine, denominato *Source*, definisce il tipo di file che può essere caricato nel nodo, tra *Single Image*, *Image Sequence*, *Movie* e *Generated*.

fig. 239 il nodo *Image texture*

Image texture dispone di un solo *socket* di ingresso, di tipo vettoriale (*Vector*) e due *socket* in uscita: *Color* (giallo), di solito utile per la connessione a uno *shader* o a un *socket* fattoriale; e *Alpha* e deduce dalla *texture*, se esistente, il solo canale trasparente.

ENVIRONMENT TEXTURE

Questo nodo è associato allo sfondo dell'ambiente 3D.

Di solito è usato per essere connesso al *socket* di ingresso del nodo *Background* che fa parte del gruppo di nodi *Output*, attivabile entrando nell'ambiente *World* (icona con il pianeta) nell'*header* della

212

finestra *Node Editor*, che analizzeremo dettagliatamente alla fine della trattazione sui nodi.

In questo nodo è possibile caricare un *file* immagine (*Single Image*) che rappresenta uno sfondo, una sequenza di immagini (*Image Sequence*), un filmato (*Movie*) o un'immagine a riquadri generata da Blender.

Selezionando *Single image* è possibile inserire un *file* di tipo *HDR*, di cui tratteremo più avanti.

Il menu *Projection* consente di scegliere il tipo di proiezione dell'environment fra *Equirectangular* o *Mirror Ball* (o immagine sferica.

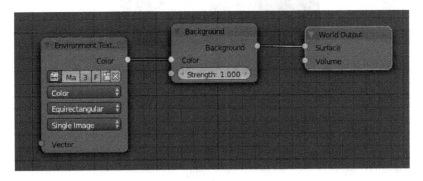

fig. 241 i nodi relativi all'*environment*

SKY TEXTURE

Sky Texture genera un cielo che viene assegnato come colore al nodo *Background*, come per *Environment Texture*.

213

Le impostazioni di questo nodo si trovano nel pannello **World**, nel pannello *Surface*.

fig. 242 il nodo *Sky Texture*

Dispone di un *socket* vettoriale (*vector*) in ingresso e un *socket* colore (*Color*) in uscita.

Il menu *Sky Type* definisce il tipo di cielo secondo uno dei due algoritmi *Hosek/Wilkie* o *Preetham*.

Turbidity consente di aggiungere un effetto di aria torbida, dall'aspetto rossastro, desertico, quasi marziano, mentre *Ground Albedo* è un parametro che aggiunge all'atmosfera un effetto di atmosfera rarefatta, tipica dell'albeggiare.

Nella finestra di *Preview* del nodo (o nello stesso pannello *Properties* della *sidebar Properties*, o anche nel pannello *Surface* del *tab World* della finestra *Properties*) è possibile ruotare la sfera celeste

214

per definire la posizione del sole, anche in termini di *zenith* (altezza). Il cielo si adatterà alla posizione del sole, colorandosi di conseguenza.

fig. 243 regolazione della posizione del sole nel nodo *Sky texture*

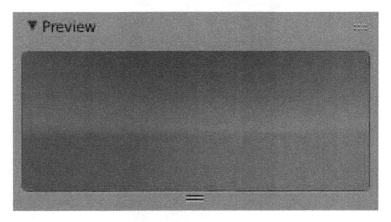

fig. 244 *preview* della *Sky texture* nella finestra *Properties*

215

Lo *Sky Texture* (così come *Environment Texture*) influenzerà o meno l'illuminazione degli oggetti presenti nella scena a seconda delle impostazioni del *tab World* sotto *Cycles* nella finestra *Properties*.

3.2.3. Tab World

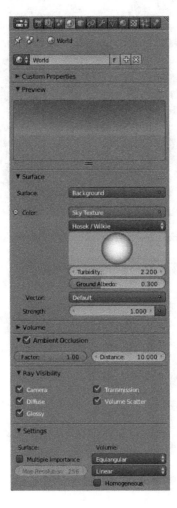

fig. 245 *tab World* della finestra *Properties*

Il *tab* **World** è molto simile al *tab Material* associato agli oggetti.

I suoi parametri si riferiscono tuttavia all'*environment*, cioè all'ambiente che circonda la scena.

Il *tab* è composto da un pannello **Preview**, che visualizza l'effetto del cielo, un pannello **Surface** e un pannello **Volume** che, in modo del tutto analogo a quelli contenuti nel *tab Material*, riassumono la catena e la composizione di nodi e *file* ad essi associati.

In questa modalità, lo *shader Background* funge da *Diffuse* per lo sfondo, sul quale si può associare un colore una *texture*, una sequenza di immagini, un filmato, una *texture* procedurale o un gradiente.

fig. 246 scelta dello *shader* (presumibilmente *background*) per la superficie di sfondo

Il pannello **Ambient Occlusion**, se attivato, aggiunge questo tipo di illuminazione (che non proietta ombre) alla scena. I valori *Factor* e *Distance* hanno la stessa funzione di quelli già analizzati per lo stesso pannello nell'ambiente *Render Blender*.

Ray Visibility è un pannello assai utile. Contiene alcune opzioni a spunta, del tutto simili a quelle presenti nell'omonimo pannello del *tab Object* (che si riferisce agli oggetti nella scena) e cioè quello di rendere lo sfondo, nella fattispecie, visibile e influire nell'illuminazione, se attivate le spunte, nella *Camera*, nei colori (*Diffuse*) degli oggetti, nella riflessione degli stessi (*Glossy*), nella trasmissione delle trasparenze (*Transmission*) e negli eventuali effetti volumetrici (*Volume Scatter*).

Il pannello **Settings**, infine, consente di intervenire in alcune impostazioni sulla superficie e sui volumi, quali:

- *Multiple Importance* che regola il campionamento dello sfondo nel *rendering*;

- *Map Resolution* (che si attiva spuntando l'opzione precedente), che determina in *pixel* la risoluzione dello sfondo;

- Il menu *Volume Sampling* determina il metodo di calcolo del campionamento del colore sul volume. *Distance* è indicato per volumi densi con luci lontane; *Equiangular* per effetti volumetrici poco densi e illuminazione vicina; *Multiple Importance* combina i primi due;

- Il secondo menu, *Volume Interpolation* calcola il metodo di interpolazione dell'ombreggiatura secondo una delle due opzioni a disposizione: *Linear* per volumi sommariamente smussati (calcolo più rapido); *Cubic* per volumi con smussature ad alta definizione (calcolo più lento);

218

- La spunta su *Homogeneus* permette tempi di *rendering* più rapidi rendendo uniforme la densità del volume.

NOISE TEXTURE

In *Cycles*, le *texture* procedurali sono differenti da quelle presenti in *Blender Render*. Alcune delle "vecchie" *texture* possono essere utilizzate, caricandole dal *tab Texture*, per alcune funzioni, alcuni modificatori e alcuni processi di simulazione, ma non nei nodi.

Questa che sembrerebbe una limitazione, in realtà non lo è, perché in *Cycles* le nuove *texture* procedurali, tra cui **Noise Texture**, sono di altrettanta versatilità.

Noise Texture genera un'utilissima *texture* procedurale a colori (che non necessità dell'importazione di alcun file).

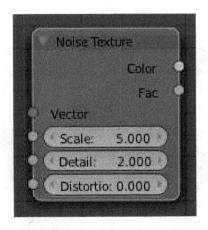

fig. 247 il nodo *Noise Texture*

Simile a *Clouds* dispone di tre parametri:

- *Scale* imposta le dimensioni dell'effetto nuvolato;

219

- *Detail* evidenzia, per valori più alti, un dettaglio maggiore all'immagine;

- *Distortion* applica una distorsione all'immagine.

Tutti e tre i parametri sono connessi a *socket* di ingresso di tipo matematico sui quali possono essere agganciati dei nodi.

Vi è inoltre un *socket* in ingresso di tipo vettoriale (*Vector*), utile per definire la mappatura su una *mesh* di tale *texture*.

Il nodo dispone infine di due *socket* in uscita:

- *Color* viene utilizzato per utilizzare *Noise* Texture come colore, quindi associandolo di solito a un *Diffuse* o a un altro *shader*;

- *Fac* serve per utilizzare il nodo come fattore di bilanciamento, associando dei valori per i colori chiari e degli altri per i colori scuri.

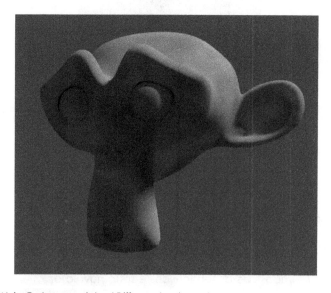

fig. 248 *Noise Texture* associato al *Diffuse* colora la *mesh*

220

Utilizzando invece come fattore di bilanciamento fra due colori, *Noise Texture* sarà concepito in bianco e nero e, in corrispondenza delle aree tendenti al bianco sbilancerà il colore della alla *mesh* verso il primo *Diffuse*, mentre in corrispondenza delle aree più scure, verso il secondo *Diffuse*.

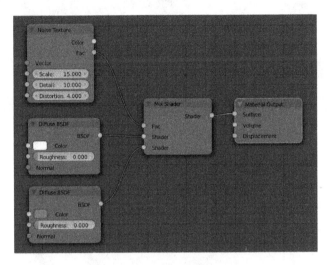

fig. 249 *Noise Texture* impostato come *Fac* tra due *Diffuse* determina il bilanciamento tra i due colori

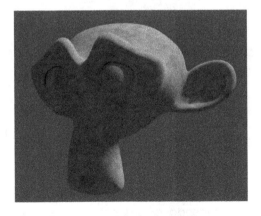

fig. 250 rendering della *mesh* il cui materiale è definito dalla composizione di nodi di cui sopra in cui *Noise Texture* funge da fattore di bilanciamento tra due colori

221

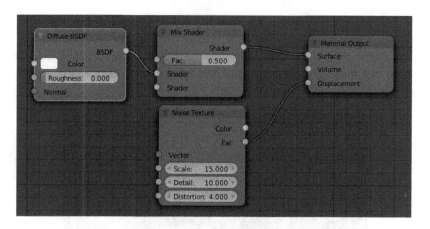

fig. 251 *Noise Texture* impostato come *Fac* di *Displacement* determina l'effetto di rilievo

fig. 252 *rendering* della *mesh* il cui materiale è definito dalla composizione di nodi di cui sopra in cui *Noise Texture* funge da fattore delle zone a rilievo

Naturalmente *Noise Texture*, così come qualsiasi altra *texture* procedurale o immagine può essere composta con altre analoghe o differenti, colori, ottenendo colorazioni complesse, effetti di rilievo sovrapposti e altre infinite possibilità di utilizzo.

fig. 253 la pavimentazione in resina di questa ambientazione è stata realizzata miscelando e sovrapponendo *texture* procedurali di differenti scalature che hanno avuto anche la funzione di fattore di bilanciamento fra toni di colore, *Noise Texture* stesse e lievi effetti di *Bump* (rilievo)

WAVE TEXTURE

La *texture* procedurale **Wave** genera un'alternanza di bande o anelli concentrici bianchi e neri, i quali adeguatamente modificati grazie ai parametri specifici del nodo, possono simulare onde, venature del legno e altri effetti ad andamento alternato.

Questo nodo di *Cycles* sostituisce *Wood* tra le *texture* procedurali di *Blender Render*.

Vediamo quali sono i parametri a disposizione del nodo per la manipolazione dell'immagine.

fig. 254 il nodo *Wave Texture*

Il menu *Wave Type* consente di scegliere se la *texture* di base debba essere composta da bande parallele bianche e nere (Bands) o da centri concentrici (*Rings*).

fig. 255 *preview* del nodo *Wave Texture* impostato come *Bands* (a sinistra) e come *Rings* (a destra)

Così come per *Noise Texture*, *Scale* ridimensiona l'immagine. Per valori maggiori, le bande o gli anelli saranno più fitti.

Distortion applica una distorsione alle bande o agli anelli.

Detail aggiunge una maggiore definizione alle bande, mentre *Detail Scale* definisce le dimensioni massime di dettaglio.

224

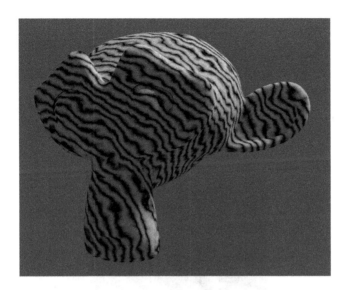

fig. 256 *Wave Texture* applicata al *Diffuse* con parametri modificati *Scale* = 10; *Distortion* = 20; *Detail* = 2; *Scale Detail* = 1 ottiene un effetto striato

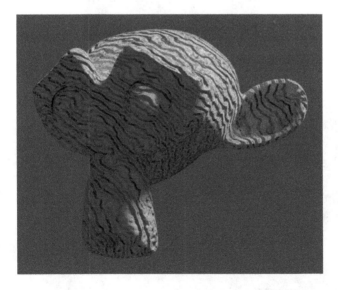

fig. 257 le stesse impostazioni del nodo connesso tramite il *socket Fac* sul *Displacement* del *Material Output* genera un rilievo con andamento striato

225

Questa *texture* genera un effetto a scacchi irregolari simili a delle celle colorate se impostato il *Type* come *Cells*, o una griglia a cella in bianco e nero sfumato se impostato come *Intensity*.

Molto valido per creare effetti psichedelici e vetri colorati, dispone del solo parametro *Scale* che determina le dimensioni della trama.

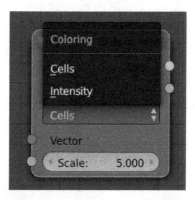

fig. 258 il nodo *Voronoi Texture*

fig. 259 *Voronoi Texture* impostato come *Cells* e applicato al nodo *Glass*

Del tutto simile all'omonima *texture* procedurale del motore *Blender Render*, **Musgrave** genera un modello frattale tra bianchi e neri, molto utile per ottenere, ad esempio, i mantelli pezzati dei bovini.

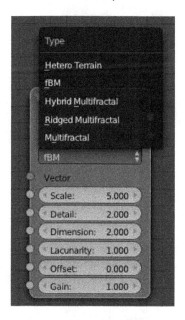

fig. 260 il nodo *Musgrave Texture*

Il menu *Type* consente di scegliere la tipologia di frattale che il nodo utilizzerà per generare la *texture* procedurale. Sono disponibili 5 opzioni: *Multifractal, Ridged Multifractal, Hybrid Multifractal, fBM, Hetero Terrain*.

Scale definisce la scala, le dimensioni globali della *texture*, mentre *Detail* e *Dimension* rappresentano, come per i casi precedenti, il livello di dettaglio e le relative dimensioni.

Lacunarity, Offset e Gain regolano la percentuale di spazio lasciato libero dal modulo frattale.

227

fig. 261 *Musgrave Texture* applicato al *Diffuse*

GRADIENT TEXTURE

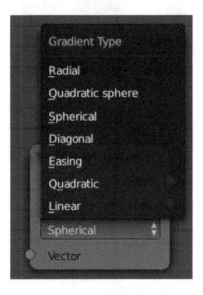

fig. 262 il nodo *Gradient Texture*

Questo nodo genera una *texture* procedurale di tipo gradiente.

Per gradiente si intende un graduale passaggio fra un tono e un altro (bianco e nero, nella fattispecie).

Si può scegliere il tipo di gradiente dal menu *Gradient Type* tra *Radial, Quadratic Sphere, Spherical, Diagonal, Easing, Quadratic, Linear*.

Il nodo dispone di un *socket* in ingresso *Vector*, utile per definire le coordinate, le dimensioni e la rotazione della mappatura e due *socket* in uscita: *Color* e *Fac*.

fig. 263 *Gradient Texture* applicato al *Diffuse*

MAGIC TEXTURE

Magic Texture genera una *texture* psichedelica a colori.

Depth regola la turbolenza del rumore generato, modificando per altro la gamma cromatica.

229

fig. 264 il nodo *Magic Texture*

Scale regola le dimensioni della *texture*, mentre *Distortion* modifica la forma del rumore, applicando una distorsione.

Questi due valori possono essere impostati e regolati da nodi esterni connettendoli ai corrispondenti *socket* di tipo matematico in ingresso.

Sempre in ingresso è presente il *socket Vector* per il controllo esterno della mappatura.

I *socket* esterni sono *Color* e *Fac*.

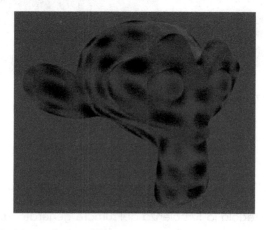

fig. 265 *Magic Texture* applicato al *Diffuse*

230

CHECKER TEXTURE

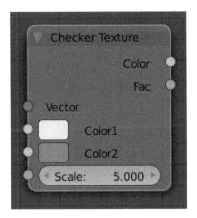

fig. 266 il nodo *Checker Texture*

Il nodo *Checker Texture* genera una semplice texture a scacchi bicolore.

I colori possono essere definiti nelle due tavolozze (*Color1* e *Color2*) presenti nel nodo o definite da nodi esterni connessi ai *socket* gialli (*Color*) corrispondenti.

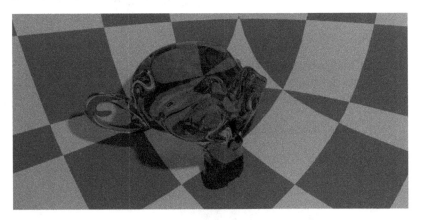

fig. 267 *Checker Texture* applicato allo sfondo (a *Suzanne* è stato assegnato un materiale *Glass*)

231

Scale definisce invece le dimensioni della *texture*.

I *socket* in ingresso, oltre ai due *color* gialli, sono *Vector*, per la mappatura e il nodo matematico grigio su *Scale* per gestire le dimensioni con configurazioni di nodi esterni.

Sono disponibili due *socket* in uscita *Color* e *Fac*.

BRICK TEXTURE

Questo interessantissimo nodo produce una *texture* procedurale utile per simulare mattoni.

Si basa su parametri che alternano tre colori secondo una scansione lungo l'asse *x*, una lungo l'asse *y* e una che riproduce i ricorsi della malta.

Offset definisce lo spostamento di una fila di mattoni rispetto alla superiore. Il valore 0.5 posiziona a metà un mattone rispetto alla divisione verticale della fila superiore.

Frequency definisce ogni quante file un ricorso di mattoni va traslato del valore *Offset* (di *default* è impostato a 2, ovvero file alternate).

Le tre tavolozze, *Color1*, *Color2* e *Mortar*, determinano i due colori base dei mattoni e la malta. Ad essi sono associati altrettanti *socket* gialli *Color* per definire il colore tramite nodi esterni.

Scale definisce le dimensioni base della *texture*.

Mortar Size l'altezza dei ricorsi della malta fra mattone e mattone.

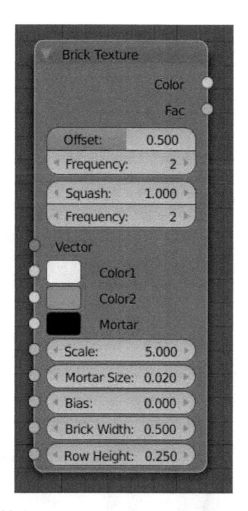

fig. 268 il nodo *Brick Texture*

Bias è parametro definito in un cursore (con valori impostabili da -1 a 1) che bilancia la colorazione dei mattoni tra *Color1* e *Color2*, con passaggi intermedi.

Brick Width e *Row Height* regolano rispettivamente la larghezza e l'altezza dei mattoni.

233

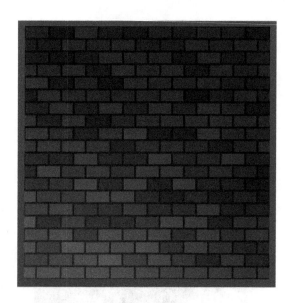

fig. 269 il nodo *Brick Texture impostato come fattore di* Diffuse del materiale di un piano

Squash alterna le file dei mattoni in modo da ottenere ricorsi di larghezza diversa. *Frequency*, come per *Offset*, definisce l'alternanza delle file di differente larghezza.

fig. 270 Squash *impostato a 0.5 assegna a righe alternate larghezze differenti fra i mattoni*

Ovviamente questo nodo può fungere non solo come colore e scansione dei mattoni, ma anche come fattore vettoriale di *Displacement* o *Bump*.

D) NODI *COLOR*

Questo gruppo di nodi è strettamente connesso a tutte le informazioni che riguardano il colore.

Utilizzando questi nodi è possibile miscelare tra loro colori o *texture*, modificare le curve, giocare con la luminosità e il contrasto.

Vediamo quali sono i 7 nodi disponibili appartenenti a questo gruppo e quali sono le funzioni e le principali applicazioni.

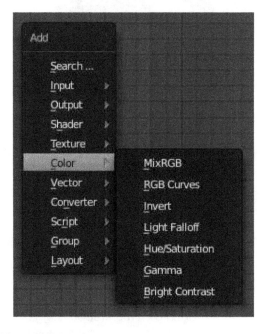

fig. 271 i nodi del gruppo *Color*

MIX RGB

fig. 272 *Blend Type* del nodo *MixRGB*

A differenza di quanto sembrerebbe suggerire il nome di questo nodo, **MixRGB** non serve solo a miscelare due colori.

236

Il menu a tendina *Blend Type* consente di definire l'algoritmo che *Cycles* utilizzerà sui due colori (o sulle *texture*) definite dalle tavolozze o dai *socket Color1* e *Color2*

È possibile infatti scegliere tra ben 18 algoritmi differenti: *Mix, Add, Multiuply, Subtract, Screen, Divide, Difference, Darken, Lighten,Overlay, Dodge, Burn, Hue, Saturation, Value, Color, Soft Light* e *Linear Light*.

Il fattore di miscelazione Fac di cui all'algoritmo *Blend Type* può essere definito numericamente (fra 0 e 1, dove 0 assegna predominanza al colore 1 e 1 al colore 2) oppure a mezzo di nodi esterni connessi al *socket* grigio corrispondente.

Facciamo un esempio per chiarire il funzionamento.

ESERCIZIO N. 5: UN MATERIALE DEFINITO MISSANDO DUE COLORI

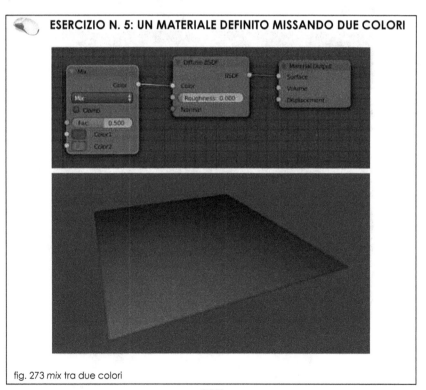

fig. 273 *mix* tra due colori

237

Proviamo ad assegnare un nuovo materiale ad una *mesh* e applichiamo al *socket* di ingresso giallo del *Diffuse* il nodo *MixRGB*.

Impostiamo un colore blu sulla tavolozza relativa al *Color1* e un colore rosso sulla tavolozza del *Color2*.

Con un fattore di miscelazione impostato come di *default* a 0.5 il colore risultante del materiale sarà viola. Un risultato forse un po' banale, poco utile.

Modificando il valore del *Fac* a 0, si otterrà il solo colore blu, mentre su 1 il solo colore rosso.

Ma se inseriamo, ad esempio, una *Noise Texture* (tramite il *socket* Fac) come fattore di bilanciamento tra i due colori, il risultato sarà ben differente.

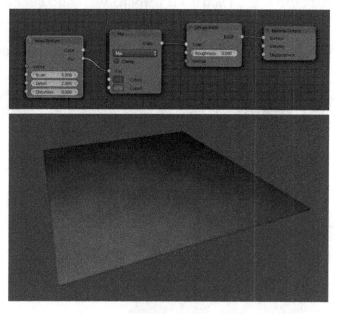

fig. 274 *mix* tra due colori con una *Noise* Texture impostata come fattore di bilanciamento

> Nelle aree più chiare della *Noise Texture*, il colore predominante sarà il blu *(Color 1)*, mentre per quelle più scure il rosso.

Questo nodo può essere un utile e potente strumento per la creazione di materiali complessi, in cui diverse *texture* (o colori), missate o sovrapposte giocano un ruolo di fondamentale importanza per il realismo.

RGB CURVES

Questo nodo è utile per modificare graficamente un colore o i tondi della *texture* agendo sulle curve sul composito (C) o su quelle specifiche dei tre canali RGB (rosso, verde e blu).

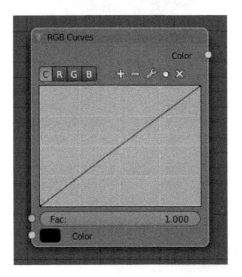

fig. 275 il nodo *RGB Curves*

Sulla curva si può agire direttamente cliccando nell'apposito spazio grafico con LMB. Per ogni *click*, si aggiungerà un punto di controllo della curva.

239

Accanto ai colori, sono presenti alcuni pulsanti: + e - servono a regolare lo zoom della curva per un controllo più preciso. Il pulsante ad icona a forma di chiave inglese (Tools) e quello a forma di pallina bianca (Clipping Options) aggiungono delle funzionalità al controllo dei punti. Il pulsante X cancella il punto di controllo selezionato.

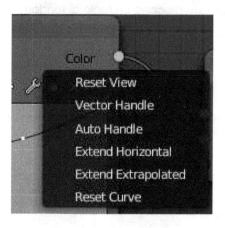

fig. 276 i Tools

Fac determina il valoro di bilanciamento fra il colore (o i colori) originale e quello modificato dalle curve (elemento, questo, definibile anche da nodi esterni connessi al socket grigio).

La tavolozza in basso definisce il colore base da correggere o, se connesso al socket giallo, uno o più nodi esterni a definizione complessa del colore, come ad esempio una texture.

Il socket in uscita Color viene generalmente connesso a un Diffuse, ma anche ad altri nodi, quali Bump, Displacement, o configurazioni più complesse di nodi.

 ESERCIZIO N. 6: CORREZIONE DEL COLORE DI UNA TEXTURE

Immaginiamo di voler modificare il colore di una texture, connessa al Diffuse di un materiale.

Inseriamo il nodo *RGB Curves* tra la il nodo *Image Texture*, contenente il *file texture*, e il *Diffuse*, connesso al nodo *Material Output*.

Aggiungendo punti di controllo alla curva dei diversi canali, il colore della *texture* si modificherà, ottenendo il risultato voluto.

fig. 277 la *texture* importata nel nodo *Image texture*

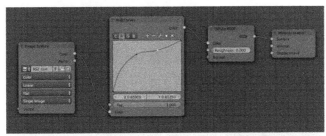

fig. 278 la *texture* modificata da *RGB Curves* e renderizzata sulla *mesh*

241

INVERT

Invert inverte un colore impostato nella tavolozza (o il colore o la *texture* ad essa connessi tramite il *socket* giallo), secondo il fattore di bilanciamento *Fac*.

Il *socket* grigio alla sinistra di *Fac* può connettere una configurazione di nodi che funga da fattore non numerico.

Il *socket* in uscita è di tipo *Color* (giallo).

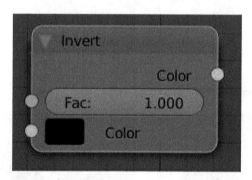

fig. 279 il nodo *Invert*

LIGHT FALLOFF

Questo nodo definisce in che modo la luce diminuisca di intensità in base alla distanza.

Sono disponibili 3 tipologie predefinite in uscita.

- *Quadratic*, che riduce la luce quadratica. Questa opzione non modifica l'intensità se il parametro *Smooth* è impostato a 0;

- *Linear*, che riduce la luce lineare, dando una diminuzione più lenta di intensità a seconda della distanza;

- *Constant*, che ridurrà l'intensità della luce costante.

242

Si noti che l'utilizzo di Lineare o decadimento costante può causare più luce da introdurre con ogni rimbalzo illuminazione globale, rendendo l'immagine risultante estremamente radiosa, soprattutto se sono stati impostati molti rimbalzi.

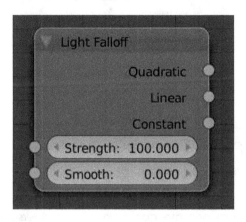

fig. 280 il nodo *Light Fallof*

Altri parametri sono:

- *Strength* Input: forza della luce prima che sia applicato lo smorzamento;

- *Smooth Input*: intensità di luce vicino ad altre fonti luminose. Questo può evitare riflessi duri, e ridurre il rumore di illuminazione globale. 0,0 corrisponde a nessuna attenuazione; per valori più alti si avrà un'attenuazione maggiore.

Ovviamente, è possibile definire tali parametri con l'uso di nodi esterni connessi ai *socket* grigi in ingresso al nodo.

HUE/SATURATION

Hue/Saturation Value è un nodo di regolazione del colore alternativo a *RGB Curves*.

243

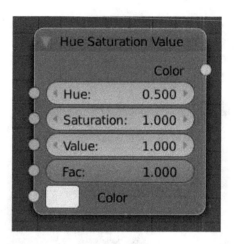

fig. 281 il nodo *HUE/Saturation*

In alternativa alla scomposizione nei tre canali *RGB*, infatti, colore può essere pensato come un mix tra diverse tonalità, cioè valori normalizzato lungo lo spettro visibile tra l'infrarosso e i raggi ultravioletti. La quantità di colore aggiunto dipende dalla saturazione di quel colore: maggiore sarà la saturazione, più pigmentazione verrà aggiunto.

Questo nodo agisce su un colore (tavolozza o un'immagine in ingresso) sul quale possono essere regolati i parametri della tonalità (*Hue*), della saturazione (Saturation) e l'effetto complessivo (*Value*), definiti dai cursori con valori tra 0 e 1.

Fac determina quanto questo nodo influisce sull'immagine o sul colore originale. Un fattore di 0 significa che l'immagine o il colore in ingresso non è influenzato dalle impostazioni, mentre un fattore pari a 1 sbilancia totalmente la miscelazione verso l'effetto.

I 4 parametri possono essere definiti da nodi esterni connessi ai *socket* numerici grigi in ingresso, così come il colore (*socket* giallo) da una *texture*, ad esempio.

244

Il *socket* in uscita giallo restituisce un colore modificato che può essere legato ad esempio a un nodo di tipo *Shader*.

GAMMA

Il nodo **Gamma** funziona come un *moltiplicatore* del colore in ingresso e accentua l'intensità per i valori definiti dal cursore *Gamma* (tra 0 e 1, dove 0 restituisce il colore originale e 1 il colore modificato).

Il colore in ingresso può essere definito dalla tavolozza *Color* o inserito dall'esterno a mezzo del *socket* giallo, così come il valore *Gamma* può essere definito da un sistema di nodi di tipo matematico che determinino un valore fisso o variabile.

fig. 282 il nodo *Gamma*

BRIGHT/CONTRAST

Il nodo **Bright/Contrast** permette di modificare un colore o una *texture* in ingresso (*socket* giallo) intervenendo sulla luminosità (cursore *Bright*) e sul contrasto (*Contrast*). I cursori consentono l'inserimento di un valore tra 0 (minimo) e 1 (massimo), oppure, tramite i *socket* grigi, di valori definiti da nodi esterni.

L'uscita *Color* restituisce il colore modificato.

fig. 283 il nodo *Bright/Contrast*

D) NODI *INPUT*

Questo gruppo di nodi è detto *Input*, cioè "in ingresso".

Essi definiscono un parametro, un comando o un valore iniziale da inserire a monte di una certa concatenazione di nodi.

Questi nodi forniscono, se così si può dire, un impulso iniziale al nodo cui sono connessi.

Nodi di questo tipo definiscono ad esempio, il sistema di coordinate su cui basare una mappatura, piuttosto che un colore, l'indice di rifrazione (*IOR*), il percorso della luce e altro ancora.

Sono disponibili 15 nodi *Input*: *Texture Coordinate*; *Attribute*; *Light Path*; *Fresnel*; *Layer Weight*; *RGB*; *Value*; *Tangent*; *Geometry*; *Wireframe*; *Object Info*; *Hair Info*; *Particle info*; *Camera Data* e *UV Map*.

Analizziamoli dettagliatamente.

246

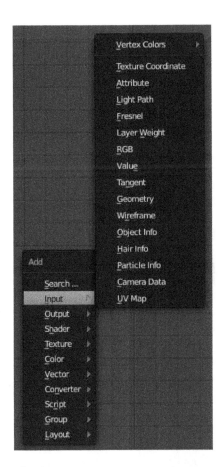

fig. 284 nodi del gruppo *Input*

TEXTURE COORDINATE

Questo nodo veicola le coordinate dei una *texture* secondo alcuni percorsi prestabiliti.

Tale nodo, solitamente viene connesso tramite uno dei *socket* in uscita a nodi di tipo vettoriale (*Vector*).

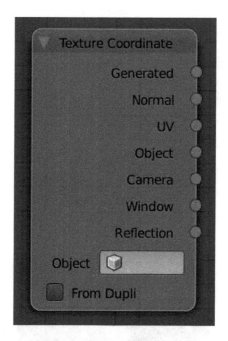

fig. 285 il nodo *Texture Coordinate*

- *Generated* genera automaticamente le coordinate della *texture* senza deformazioni a partire dalla posizione dei vertici, consentendo a queste di rimanere nella stessa posizione durante le animazioni;

- *Normal* genera le coordinate della *texture* tenendo come punto fermo le normali alla *mesh*;

- *UV*, forse il canale di uscita più usato, assegna come coordinate della *texture* le *UV* definite nella finestra *UV/Image Editor*;

- *Object* permette di caricare un oggetto tra quelli presenti nella scena, e definito nel campo sottostante, e generare le coordinate della *texture* in funzione della posizione dell'oggetto stesso;

- *Camera* determina le coordinate secondo la posizione nello spazio della camera attiva;

- *Window* determina le coordinate secondo la vista nella finestra corrente;

- *Reflection*, solitamente utilizzato per mappe ambientali, genera le coordinate della *texture* secondo la direzione delle riflessioni;

La spunta *From Dupli* utilizza il duplicato dell'oggetto se disponibile.

Vediamo un esempio di utilizzo.

Abbiamo visto come modificare le coordinate, la scalatura e la rotazione di una *texture* nella finestra *UV/Image Editor*.

Veicolando il flusso dei nodi con *Texture Coordinate*, connettiamo l'uscita *UV* all'ingresso *Vector* del nodo *Mapping* che si trova tra i nodi del gruppo *Vector* e che vedremo più avanti nella trattazione dei nodi. per ora limitiamoci ad inserirlo nel *Node Editor*.

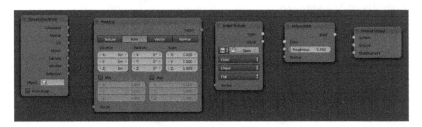

fig. 286 utilizzo del nodo *Texture Coordinate*

Questa concatenazione di nodi rappresenta l'azione eseguita manualmente nell'*UV/Image Editor*. Possiamo leggere questi nodi: *il materiale è determinato da una texture, connessa al Diffuse (colore), la cui scalatura, posizione e rotazione sono definite dal nodo Mapping, secondo le coordinate UV del file texture assegnato.*

249

ATTRIBUTE

Attribute recupera i dati (attributo) associati all'oggetto o alla *mesh*. Attualmente mappe *UV* e colori essere recuperati in questo modo inserendo correttamente i loro nomi nella casella di testo *Name*.

Un utilizzo pratico di questo nodo verrà fatto più avanti quando impareremo a generare fuoco e fumo.

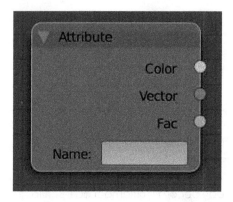

fig. 287 il nodo *Attribute*

LIGHT PATH

Questo nodo permette di determinare il tipo di raggio di luce debba influire sullo *shader* di un materiale in esecuzione.

È possibile assegnare al percorso della luce uno o più opzioni tra quelle disponibili (*Is Camera Ray, Is Shadow Ray, Is Diffuse Ray, Is Glossy Ray, Is Singular Ray, Is Reflection Ray, Is Transmission Ray, Ray Length, Ray Depth, Transparent Depth*) ed essere eventualmente sommate insieme grazie a uno o più nodi *Math*.

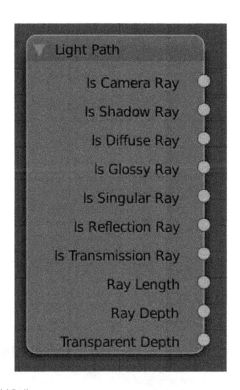

fig. 288 il nodo *Light Path*

Il funzionamento del nodo, in pratica, sta a definire quale natura (o componente) dei raggi luminosi dovranno influire sull'ombreggiatore cui è connesso.

Descrivendo il nodo *shader Glass*, abbiamo anticipato che, benché abbastanza credibile nel funzionamento e nella simulazione di un vetro, tuttavia, potrebbe non essere sufficiente per rispondere correttamente a determinati percorsi della luce, ad esempio, come il vetro dovrà comportarsi ed essere riprodotto in condizioni di ombra e di riflessione, percorsi questi che, sommati, andranno a rendere il vetro più o meno trasparente.

ESERCIZIO n. 7: UNA LASTRA DI VETRO

Creiamo un piano e diamogli spessore con il modificatore *Solidify* (ricordatevi che ogni oggetto è dotato di spessore e soprattutto il vetro, per poter rispondere adeguatamente all'effetto della rifrazione dovrà avere uno spessore).

Selezioniamo la mesh, precedentemente illuminata e posizionata in una "stanza", e creiamo un nuovo materiale, sostituendo *Diffuse* con *Mix Shader* al quale collegheremo a monte un nodo *Glass* e un nodo *Transparent*.

Aggiungiamo, dal gruppo *Converter*, un nodo *Math*, impostato come *Mix* e colleghiamolo al *socket Fac* del *Mix Shader* in modo che funga da fattore di bilanciamento tra lo *shader Glass* e lo *shader Transparent*.

Ai due valori *Value* del nodo *math*, connettiamo i due *socket* in uscita *Is Shadow ray* e *is Reflection Ray* del nodo *Light Path*.

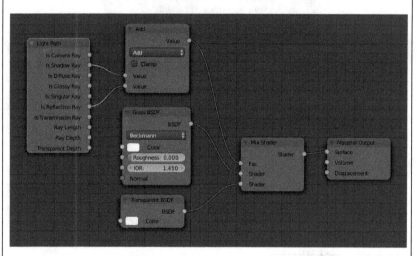

fig. 289 Il materiale *Vetro* utilizzando il nodo *Light Path*

252

fig. 290 il materiale nel pannello *Preview*

Questa configurazione di nodi simulerà il corretto comportamento del vetro, per i quali in determinate condizioni di ombra e riflessione risulterà più trasparente e meno soggetto all'indice di rifrazione previsto dal nodo *Glass*.

Vi consigliamo di salvare in una cartella la configurazione di nodi che riproduce il materiale "vetro".

fig. 291 *rendering* del vetro

Il nodo **Fresnel** è importantissimo e va usato quasi per ogni materiale che preveda un bilanciamento tra una colorazione (*Diffuse*) e una riflessione (*Glossy*).

Nella realtà, la riflessione è funzione dell'incidenza della luce.

Per incidenze molto acute l'oggetto apparirà quasi bianco, pressoché totalmente riflettente, come uno specchio, mentre per incidenze prossime ai 90° la riflessione sarà minima.

Ogni materiale riflette in funzione di uno specifico e proprio indice di rifrazione (*IOR*) rappresentato dal nodo *Fresnel*.

Basti pensare all'effetto "strada bagnata" in prospettiva o al miraggio nel deserto.

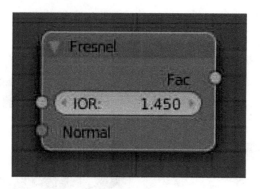

fig. 292 il nodo *Fresnel*

Per chiarirne il funzionamento eseguiremo un esempio pratico.

 ESERCIZIO n. 8: UN PANNELLO LACCATO LUCIDO

Se ne avete la possibilità, andate ad osservare da vicino com'è fatta una delle ante della vostra cucina laccata lucida o della libreria in soggiorno.

Si tratta di un pannello verniciato e poi spazzolato a mano dello spessore di circa 19 mm e di dimensioni variabili.

Inseriamo un cubo nella scena e ridimensioniamolo in modo da essere:

$$x = 60 \text{ cm}; \quad y = 1,9 \text{ cm}; \quad z = 72 \text{ cm}.$$

Azzeriamo la scala con CTRL + A.

Aggiungiamo un modificatore *Bevel* di 3 mm di raggio e 3 segmenti alla *mesh* in modo da creare una lieve e arrotondata molatura come nella realtà.

Applichiamo un materiale e inseriamo i nodi principali, in modo che questo sia determinato dal bilanciamento (*Mix Shader*) tra un colore (*Diffuse*) e una riflessione (*Glossy*). Possiamo colorare il *Diffuse* di rosso, ad esempio.

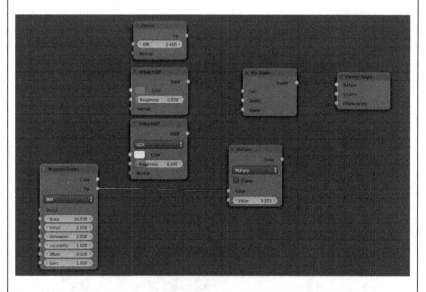

fig. 293 configurazione dei nodi che definiscono il materiale "laccato lucido"

Aggiungiamo un nodo *Fresnel* (lasciamo impostato 1,450 come *IOR*).

Lanciamo il *rendering*: l'antina rifletterà la luce e gli eventuali oggetti correttamente secondo l'incidenza della luce.

Se osserviamo però l'anta dal vero, noteremo che, essendo stata spazzolata e lucidata a mano, presenta delle lievi imperfezioni. Risulterà, a guardarla controluce, lievemente ondulata.

Per riprodurre questo effetto, aggiungiamo un nodo *Noise Texture*, scaliamolo a 30 unità, e colleghiamo il *socket* in uscita *Fac* al *socket* superiore in ingresso *Value di un* nodo *Converter Math*, impostato su *Multiply*. Assegniamo il valore 0.03 al secondo valore del nodo. Questo moltiplicherà i valori provenienti dalla *texture* per il valore fisso 0.03 (ovvero il 3%). Colleghiamo l'uscita del *Math* al *socket* in ingresso *Displacement* del *Material Output*.

Lanciamo nuovamente il rendering. Il risultato sarà decisamente migliorato.

fig. 294 *rendering* dell'anta laccata lucida

Questo nodo, del tutto simile al nodo *Fresnel*, viene generalmente associato agli *shader* e serve per associare a questi un *layer* (o livello) specifico.

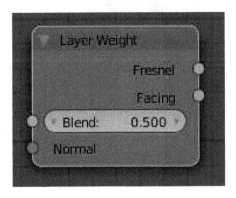

fig. 295 il nodo *Layer Weight*

Dispone del solo parametro *Blend* che serve a miscelare, secondo un parametro (tra 0 e 1) due *shader*. Si può assegnare tale valore derivandolo da una configurazione di nodi esterna connessi al *socket* grigio.

Il socket in uscita *Fresnel* è utile, ad esempio, per la creazione di un materiale plastico formato dai due nodi shader *Diffuse* e *Glossy*.

Il socket in uscita *Facing* determina il bilanciamento fra i due *shader* cui funge da fattore rispetto alla vista corrente e in funzione all'angolo radente.

RGB

Il nodo **RGB** è una semplice tavolozza in cui definire un colore e indirizzarlo, tramite il *socket* in uscita *Color* a uno *shader* o a un nodo

257

di gestione dei colori (gruppo *Color*) o matematico (*Converter*), come ad esempio *Mix RGB* o *RGB to BW*.

fig. 296 il nodo *RGB*

VALUE

Value è un nodo che serve esclusivamente per assegnare un valore (*Value*) da connettere a mezzo del *socket* in uscita *Value* ad un qualsiasi altro nodo che necessiti dell'inserimento di un valore numerico (*Bump*, *Math*...).

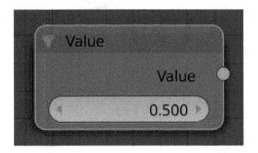

fig. 297 il nodo *Value*

TANGENT

Tangent, di solito associato al nodo *shader Anisotropic*, genera una tangente in corrispondenza della superficie secondo la direzione definita dal menu *Direction* (*UV Map* o *Radial*) e secondo l'asse di riferimento impostato tra *X*, *Y* e *Z*.

L'uscita *Tangent* è di tipo vettoriale perché indica una direzione.

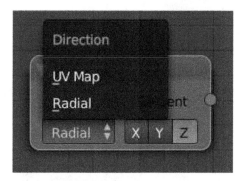

fig. 298 il nodo *Tangent*

GEOMETRY

Geometry fornisce informazioni geometriche sul punto di *shading* corrente. Tutte le coordinate vettoriali sono in *World Space*.

Sono disponibili diverse uscite in base all'informazione.

- *Position* fornisce informazioni sulla posizione del punto di ombreggiatura;

- *Normal* fornisce informazioni sullo *shading* normale alla superficie (incluse le normali su superfici lisce e *bump*);

- *Tangent* fornisce informazioni sulla tangente alla superficie;

259

- *True Normal* fornisce informazioni sulla superficie piatta (*flat*) della superficie;

- *Incoming* fornisce informazioni per il vettore direzionato verso il punto di *shading* da cui è visualizzato l'oggetto;

- *Parametric* fornisce informazioni sulle coordinate parametriche del punto di ombreggiatura sulla superficie.

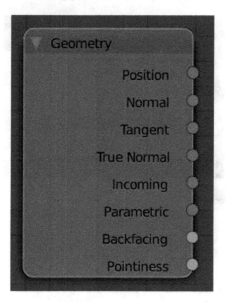

fig. 299 il nodo *Geometry*

- *Backfacing*, se connesso a uno *shader*, fornisce informazioni per le facce dirette dal lato opposto del punto di vista;

- *Pointiness* fornisce un'approssimazione della curvatura della *mesh*. Per valori più chiari indicano angoli convessi, i valori più scuri indicano angoli concavi.

Questi ultimi due sono legati a *socket* di uscita di tipo matematico invece che vettoriale, come per gli altri.

260

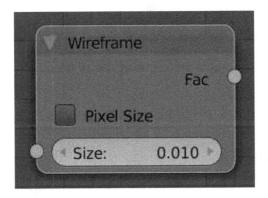

fig. 299 il nodo *Wireframe*

Questo nodo è utile per essere associato a *shader* per una visualizzazione in fase di *rendering* degli spigoli (per il momento esclusivamente con la geometria triangolata).

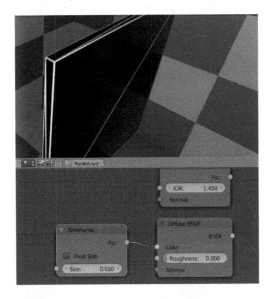

fig. 301 il nodo *Wireframe* connesso al *Color* del *Diffuse* mostra i bordi del solido renderizzato

261

Spuntando *Pixel Size* viene utilizzato il *pixel* dello schermo come unità di misura.

Size, invece, definisce lo spessore del fil di ferro.

Il nodo dispone di una uscita di tipo numerico *Fac*.

OBJECT INFO

Object Info fornisce informazioni sulla istanza (ALT + D) di un oggetto.

Questo nodo può risultare utile per fornire qualche variazione di un unico materiale assegnato a più istanze, attraverso l'indice oggetto (*Object Index*) o di un materiale (*Material Index*), in base alla posizione (*Location*) o in modo casuale (*Random*).

Per esempio, una stessa *Noise* Texture può dare colori casuali se associata a indici diversi.

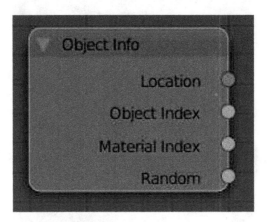

fig. 302 il nodo *Object Info*

262

Questi due nodi forniscono informazioni sul sistema particellare e per ora non verranno trattati.

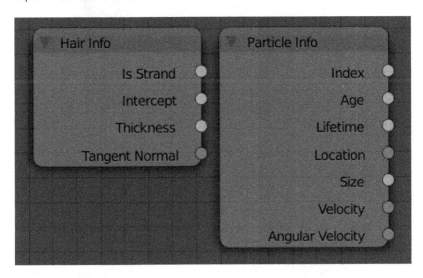

fig. 303 i nodi *Hair Info* e *Particle Info*

CAMERA DATA

Camera Info fornisce informazioni sulla camera attiva cui è associata e, in particolare:

- lo spazio vettoriale della camera da punto di vista;

- la profondità della normale all'inquadratura (Z);

- la distanza dalla camera al punto di ombreggiatura connesso.

263

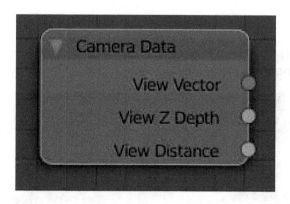

fig. 304 il nodo *Camera Data*

UV MAP

Questo ultimo nodo del gruppo *Input* fornisce informazioni di tipo vettoriale su una mappa secondo le coordinate *UV*.

Nella casella è possibile inserire il tipo di coordinate disponibili (*UV*).

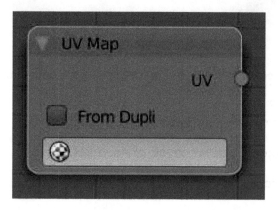

fig. 305 il nodo *UV Map*

E) NODI *VECTOR*

I nodi appartenenti a questo gruppo vengono utilizzati per incanalare le informazioni di tipo vettoriale ad essi connesse.

Per vettoriale si intende tutto quanto concerne posizione, direzione, scalatura e rotazione.

Si utilizzano, ad esempio per determinare la mappatura di una *texture* su una *mesh* o fornire informazioni circa il rilievo di una superficie.

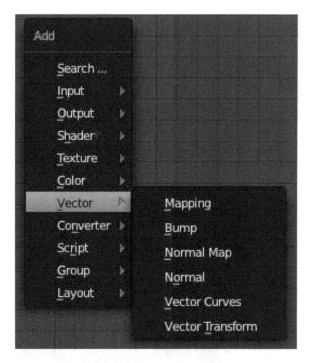

fig. 306 I nodi del gruppo *Vector*

Sono disponibili 6 nodi di tipo vettoriale.

265

È il nodo vettoriale per eccellenza.

In esso sono contenuti tutte le informazioni e i parametri riguardanti la mappatura di una *texture*.

Questo nodo viene generalmente connesso a un *socket* di tipo vettoriale (color indaco) di ingresso di un nodo *texture*, in modo da definirne posizione, rotazione e scalatura secondo i tre assi di riferimento.

Questo nodo, tuttavia, necessita di una ulteriore informazione a monte, vale a dire quali coordinate di riferimento vanno tenute in considerazione. Ciò significa che al *socket* di ingresso va inserito un flusso di collegamento con l'uscita di un nodo *Texture Coordinate*, solitamente di tipo *UV*.

Questa operazione corrisponde, né più né meno, alle trasformazioni che si eseguono manualmente con le *texture* e le *mesh* *scucite* all'interno della finestra *UV/Image Editor*.

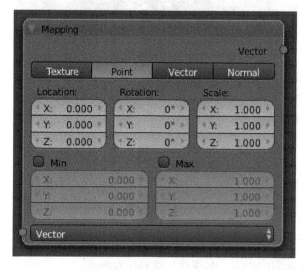

fig. 307 il nodo *Mapping*

266

La trasformazione della mappatura avviene secondo le coordinate x, y e z della posizione della *texture* rispetto alla *mesh* (*Location*), della rotazione attorno agli assi (*Rotation*) e della scalatura in direzione degli stessi (*Scale*).

Il nodo **Mapping** trasformerà la uno dei vettori disponibili nello *switch* in alto:

- *Texture*: trasformazione della *texture*;

- *Point*: trasformazione dei punti;

- *Vector*: trasformazione di una direzione vettoriale;

- *Normal*: trasformazione del vettore normale a una superficie.

Le spunte *Min* e *Max* impongono un taglio, quindi una interruzione (*clipping*) della mappatura a partire dai valori definiti nei contatori sottostanti X, Y e Z.

 ESERCIZIO n. 9: UN CUBO DI CEMENTO

Proviamo a creare un materiale che simuli il cemento e applichiamolo al cubo di *default* che avremo precedentemente *scucito* (*Unwrap*, tasto U).

Illuminiamo la scena con una *Lamp Sun* e assegniamo al cubo un nuovo materiale.

Come sempre un colore *Diffuse* e un *Glossy* dovranno essere miscelati tra loro (*Mix Shader*, bilanciati secondo l'indice di rifrazione (*IOR*).

Al *Diffuse* applichiamo una *texture* (*Image Texture*) sul colore. Copiamo il nodo *Image Texture* e impostiamolo come *Non-Color Data*. Aggiungiamo un nodo *Bump* (vedi in seguito), che troviamo fra i nodi del gruppo *Vector* e colleghiamo il *socket* di uscita *Color* della *Image Texture* in bianco e nero (*Non-Color Data*) al *socket* di ingresso *Height*.

Colleghiamo il *socket di uscita vettoriale del* Bump a entrambi i socket *Vector in ingresso* del *Diffuse* e del *Glossy*.

In questo modo l'effetto di rilievo (*Bump*) agirà sia sul colore, sia sulla riflessione.

Aggiungiamo un nodo *Texture Coordinate* e uniamo il socket *in uscita* UV *a un nodo* Mapping, *impostato come Texture*, la cui uscita *Vector* andrà a sua volta connessa con i *socket Vector* in ingresso dei due nodi *Image Texture*.

Se le *texture* sono uguali, o comunque una derivata dall'altra (*Image Texture* e *Bump Texture*, ad esempio) è buona norma assicurarsi che la scalatura, il posizionamento e la rotazione avvengano contestualmente su entrambe e nello stesso modo.

Ecco perché l'uscita del *mapping* sarà connessa con due flussi a entrambi i nodi.

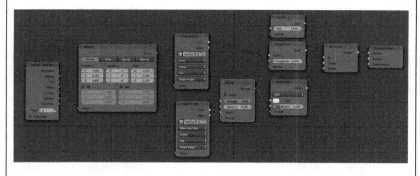

fig. 308 configurazione dei nodi che definiscono il materiale "cemento ruvido"

Possiamo infine regolare i valori *Location*, *Rotation* e *Scale* del *Mapping* per regolare rispettivamente la posizione, la rotazione e la scalatura delle *texture* ad esso legate.

Il risultato del *rendering* è molto realistico.

fig. 309 *rendering* del cubo di cemento

BUMP

Questo nodo veicola le informazioni vettoriali riguardo all'effetto di rilievo di una *mesh* solitamente influenzato dlla gamma cromatica in bianco e nero di una *texture* dedicata.

Come abbiamo più volte ripetute e anticipato, le *texture* in scala di grigio vengono utilizzate da Blender per raccogliere informazioni numeriche da assegnare a una determinata funzione, ad esempio il bilanciamento tra due nodi e la quota stessa dei vertici.

Nel caso del *Bump* che simula l'effetto del rilievo su una superficie, per tonalità tendenti al bianco, in quella porzione verrà considerata una elevazione della superficie, mentre, per tonalità più scure, un effetto di depressione.

Bump simula il rilievo, perfettamente reagente con la luce incidente e le riflessioni, ma tecnicamente non sposta i vertici.

Se volessimo, ad esempio simulare il rilievo delle venature di un legno, abbiamo bisogno della *texture* a colori da legare al *socket Color* del nodo *Diffuse* e di una *texture Bump* (o *Disp*), perfettamente coincidente con la precedente, in scala di grigi, da assegnare come fattore all'altezza (*socket Height*) del nodo *Bump*.

 NOTA: La *texture Bump* non è la variante in bianco e nero di una qualsiasi *texture* a colori. Infatti, non è detto che le tonalità di grigio derivanti della codifica del colore della *texture* originale restituisca nei vari *pixel* l'esatta tonalità di grigio e di conseguenza la quota a rilievo.

Facciamo un esempio per chiarire questo concetto.

ESERCIZIO n. 10: TEXTURE BUMP

Proviamo a *renderizzare* un tavolato in legno.

La *texture* qui raffigurata rappresenta la venatura di un tavolato in legno.

fig. 310 *texture_diffuse* di un tavolato

Proviamo a convertire in bianco e nero il file.

Quella che otterremo sarà la stessa immagine in tonalità di grigio.

270

fig. 311 *texture_bn* di un tavolato convertita in bianco e nero

Se dovessimo utilizzare questa *texture* come fattore di *Bump*, senza dubbio otterremmo un effetto di rilievo, ma non necessariamente in corrispondenza delle zone volute.

Si pensi ad esempio a quei *parquet* moderni molto scuri, le cui venature, trattate e spazzolate, risultano più chiare del colore di base. Convertendo in bianco e nero la *texture* di un simile legno otterremmo addirittura un effetto di rilievo opposto, con venature e fughe a rilievo (più chiare).

Inseriamo un piano nella scena, precedentemente illuminata, eseguiamo l'*unwrapping* in *Edit Mode* e assegniamo alla *mesh* un materiale.

Come sempre aggiungiamo i nodi necessari per la configurazione base di un materiale, miscelando *Diffuse* e *Glossy* e bilanciando i due *shader* con un nodo *Fresnel*.

Assegniamo la *texture_diffuse* (a colori) al *Diffuse* e la *texture_bn* (convertita in bianco e nero) sul *socket Height* del *Bump*.

Connettiamo infine il *socket* in uscita *Normal* del nodo *Bump* su entrambi i *socket* di ingresso *Normal* del *Diffuse* e del *Glossy*.

Questo dovrebbe essere il risultato del *rendering*.

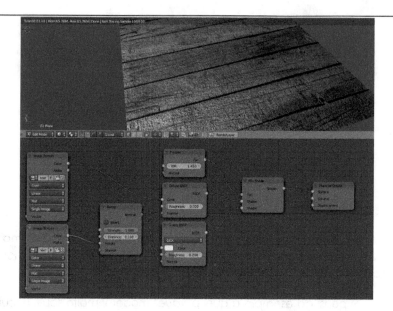

fig. 312 configurazione dei nodi e *rendering* con la *texture* in bianco e nero come fattore di rilievo

L'effetto non è pessimo, ma si notino rilievi eccessivi, non voluti del materiale.

Nella *texture* in bianco e nero vi sono zone scure derivate dal colore originale e non corrispondenti a zone dove dovrebbe essere prevista una depressione.

La soluzione al problema è duplice:

1) utilizzare pacchetti *texture* professionali in cui sono fornite anche le corrispondenti *texture Bump* (dette anche *Disp*) già regolate e corrette;

2) modificare con un *software* di fotoritocco la *texture* in bianco e nero, agendo sul contrasto, sulla luminosità ed eliminando aree troppo scure non corrispondenti a zone in depressione.

Questa è la *texture Bump* adeguata alla *texture* originale.

fig. 313 *texture*_bump di un tavolato

Utilizzando quindi tale *texture_bump* al posto della versione in bianco e nero, l'effetto di rilievo sarà molto più accurato e realistico.

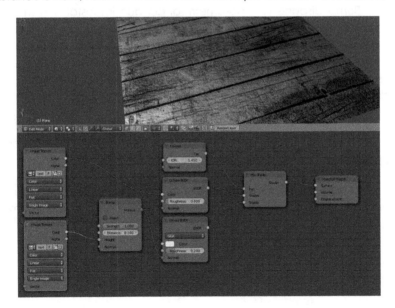

fig. 314 configurazione dei nodi e *rendering* con la *texture Bump* come fattore di rilievo

Veniamo quindi alla descrizione del nodo *Bump*.

fig. 315 il nodo *Bump*

Bump dispone di 4 parametri, di cui due impostabili in modo numerico o a mezzo di nodi esterni (*Strength* che definisce la forza e *Distance* che imposta un'ulteriore regolazione fine della forza di rilievo in funzione della distanza dall'osservatore) e altrettanti parametri gestibili esclusivamente da nodi esterni (*Height* sui cui impostare un valore o una *texture* che gestisca l'andamento dell'altezza del rilievo e *Normal* su cui connettere un nodo vettoriale).

La spunta *Invert* consente di invertire i colori della *texture* applicata.

Il *socket* di uscita *Normal* serve per connettere il nodo *Bump* a uno o più nodi con ingresso vettoriale, di solito nodi *shader*, come *Diffuse* e *Glossy*.

NORMAL MAP

A differenza delle *Bump Map*, le *Normal Map* sono immagini che memorizzano una direzione, quella delle normali alla *mesh* e rappresentata direttamente da valori RGB di un'immagine. Queste *texture*, utilizzate sempre per generare un rilievo, sono molto più

274

precise delle *Bump Map*, ma necessitano di una geometria quanto più fitta possibile della mesh per poter produrre un risultato soddisfacente.

A differenza delle *Bump Map*, che possono essere ritoccate a mano o generate convertendo una *texture* a colori in bianco e nero, le *Normal Map* devono essere generate solitamente dalla geometria stessa della *mesh*. Quanto più alta sarà la risoluzione, tanto più precisa risulterà la *Normal Map*.

Uno dei metodi per generare una *Normal Map* è il *baking*, ossia il *congelamento* di una immagine renderizzata. Sarà questo un argomento che analizzeremo alla fine di questo capitolo.

Queste mappe si presentano con una colorazione sfumata dall'azzurro al violetto.

Esistono in commercio e in rete numerosi *software* che convertono *texture* originali esportando nei formati dedicati le varianti *Bump*, *Diplacement* (*Normal Map*) e, in alcuni casi anche *Specular*, che vedremo in seguito.

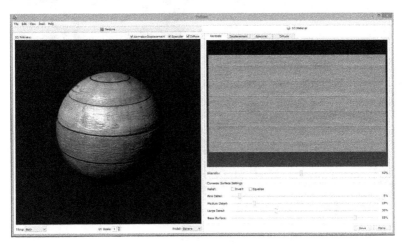

fig. 316 il software *Pix Plant*

275

Ecco come si presenta la *Normal Map* generata dalla *texture* del tavolato.

fig. 317 *normal map* del tavolato

Il procedimento è pressoché simile al precedente.

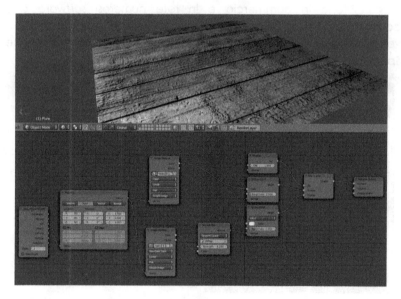

fig. 318 configurazione dei nodi e *rendering* con la *Normal Map* come fattore di rilievo

Vediamo quali sono i parametri e i *socket* di questo nodo.

fig. 319 il nodo *Normal Map*

Il menu *Space* definisce secondo quale vettore deve intervenire il nodo.

- *Blender World Space*, secondo le coordinate globali della scena, compatibile con il *Blender Render Baking*;

- *Blender Object Space*, secondo le coordinate dell'oggetto, compatibile con il *Blender Render Baking*

- *World Space*, secondo le coordinate globali della scena;

- *Object Space*, secondo le coordinate dell'oggetto;

- *Tangent Space*, in riferimento al punto di tangenza.

UV Map definisce che il rilievo deve avvenire secondo le coordinate *UV* della *texture*.

277

Strength determina la forza e *Color* il colore della *Normal Map*, normalmente regolata da un apposito nodo *Image Texture*.

> NOTA: *Normal Map* non va confusa con il modificatore *Displacement* che, come visto regola fisicamente l'altezza dei vertici della *mesh* a cui è assegnato secondo quanto definito da una *texture bump*.

NORMAL

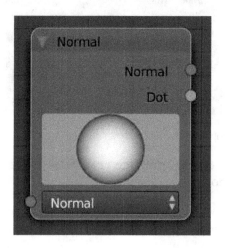

fig. 320 il nodo *Normal*

Il nodo **Normal** genera un vettore normale e un prodotto scalare. La direzione della normale può essere definita cliccando e trascinando sulla sfera.

Questo nodo può essere utilizzato per introdurre un nuovo vettore normale nel sistema di nodi. Ad esempio, si può utilizzare questo nodo come input per un nodo colore, attraverso il *socket* in ingresso immagine.

278

VECTOR CURVES

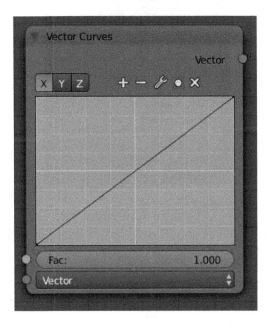

fig. 322 il nodo *Vector Transform*

Questo nodo funziona in modo del tutto analogo a *RGB Curves*, ma si riferisce alla rappresentazione grafica di un percorso vettoriale, secondo le direzioni x, y e z.

I parametri sono identici a *RGB Curve*.

VECTOR TRANSFORM

Questo nodo permette la conversione di un vettore (*Vector*), punto (*Point*) o normale (*Normal*) tra le coordinate World - Camera - oggetto.

fig. 322 il nodo *Vector Transform*

Lo switch *Type* specifica il tipo di input / output: vettore (*Vector*), punto (*Point*) o normale (*Normal*).

I due menu che seguono permettono di convertire le coordinate rispettivamente da e a: *World*, *Object* e *Camera*.

Il menu *Vector Input* definisce del coordinate inserite manualmente o a mezzo di nodo esterno il vettore di ingresso.

mentre il *socket* in uscita *Vector* restituisce la trasformazione per poter essere connessa a *socket* vettoriali in ingresso di altri nodi.

F) NODI *CONVERTER*

Questo gruppo di nodi, di tipo matematico elaborano e convertono in valori numerici i nodi cui sono connessi, restituendo valori determinati da specifiche operazioni matematiche.

Analizziamoli nel dettaglio.

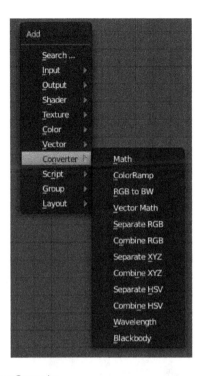

fig. 323 i nodi del gruppo *Converter*

MATH e VECTOR MATH

La funzione di **Math** è stata già precedentemente anticipata. Questo nodo esegue una delle operazioni previste tra i valori definiti dai nodi inseriti negli ingressi *Value*.

Sono disponibili ben 19 operazioni fra i due valori inseriti, tra le quali, quelle più utilizzate sono *Add* (che somma i valori), *Subtract* (che li sottrae) e *Multiply* (che li moltiplica).

L'utilizzo di questo nodo è quindi molto ampio e va dalla somma di due parametri che vanno sovrapposti alla funzione di moltiplicatore di un segnale in ingresso, come un nodo *Image Texture*,

281

inserito nel *socket* corrispondente al *Value1* moltiplicato per un valore numerico (*Value2*).

Il prodotto di questa operazione l'influenzerà il rilievo di un materiale, come ad esempio il tavolato di cui agli esercizi precedenti.

fig. 324 il nodo *Math*

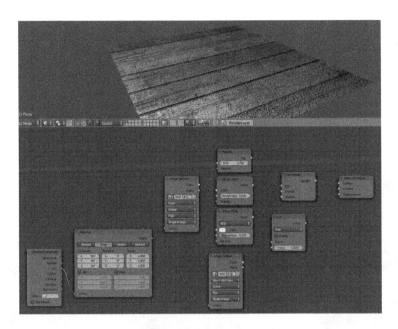

fig. 325 configurazione dei nodi e *rendering* con il nodo Math utilizzato come moltiplicatore della *texture_bump* e connesso al *socket Displacement* del nodo *Material Output*

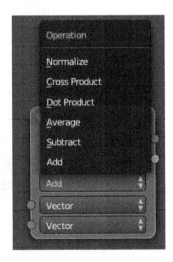

fig. 326 il nodo *Vector Math*

In modo del tutto analogo funziona **Vector Math**, con la differenza che quest'ultimo esegue operazioni fra nodi vettoriali, come ad esempio sommare due nodi *Bump* per ottenere due rilievi sovrapposti.

Un esempio classico è dato dalla sovrapposizione delle venature a rilievo del legno con i graffi.

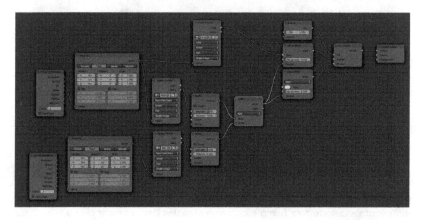

fig. 327 configurazione dei nodi in cui due *Image Texture* regolano altrettanti *Bump* sommati tra loto con un nodo *Vector Math impostato come Add*

Vector Math esegue meno operazioni del precedente come ad esempio la somma (*Add*), la sottrazione (*Subtract*), la media (*Average*) etc. e permette l'esportazione del vettore generato dall'operazione (*socket* Vector) o un valore numerico (*Value*).

Nell'immagine successiva, questa configurazione di nodi è stata utilizzata per generare una impiallacciatura di legno di uno *snack* dai forti spessori.

Si notino le venature in un verso e la spazzolatura e i graffi nel verso opposto.

284

fig. 328 le venature a rilievo e i graffi del legno sono ben visibili in questa immagine

COLOR RAMP

Il funzionamento di questo nodo è del tutto analogo al pannello **ColorRamp** già visto in *Blender Render*.

Questo nodo permette di modificare l'intensità, il colore o altri parametri ad esso legati agendo su una rampa di due o più punti di controllo che definiscono un colore.

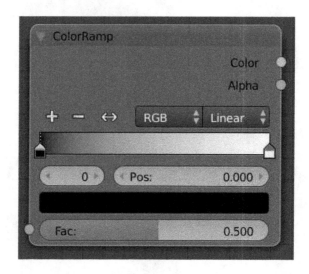

fig. 329 il nodo *ColorRamp*

Di *default*, *ColorRamp* si presenta con due punti di controllo di colore nero e bianco alle estremità opposte dello spettro. Per modificare un colore, basta selezionarlo dalla *colorband* in basso.

Per aggiungere o rimuovere altri punti di colori, basta cliccare sul + o sul -. Un nuovo punto inserito può essere posizionato nella *ColorRamp* trascinandolo con LMB. La distanza tra due punti di controllo determina la transizione tra due colori.

Fac determina il bilanciamento fra il colore o il valore originale (o la *texture*) inseriti nel *socket* di ingresso corrispondente.

Un esempio di utilizzo della *ColorRamp* su una *texture* è mostrato nella figura di seguito. La *texture* risulta ricolorata secondo i colori definiti nel nodo.

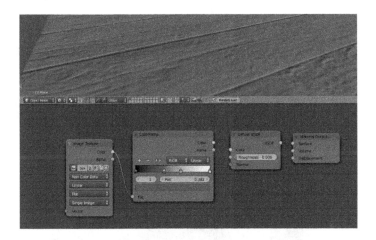

fig. 330 configurazione dei nodi con la *ColorRamp* interposta fra una *Image Texture* e lo shader *Diffuse*

RGB TO BW

Questo nodo semplicissimo non fa altro che convertire in bianco e nero un'immagine a colori inserita nel *socket* di ingresso.

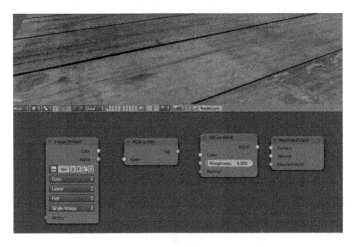

fig. 331 convertire una *texture* in bianco e nero con il nodo *RGB TO BW*

287

Separate RGB separa i tre canali *RGB* (rosso, verde e blu) di una sorgente in ingresso e consente l'uscita separata dei tre canali.

fig. 332 il nodo *Separate RGB*

Combine RGB esegue la funzione inversa componendo i tre canali separati in ingresso e fuoriuscendo con un unico canale a colori.

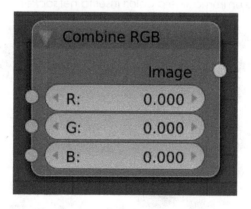

fig. 333 il nodo *Combine RGB*

SEPARATE HSV e COMBINE HSV

In modo identico funzionano i nodi **Separate HSV** e **Combine HSV** che separano o compongono i canali *HSV* di un colore.

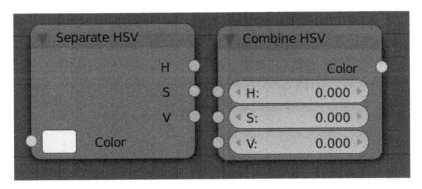

fig. 334 i nodi *Separate HSV* e *Combine HSV*

SEPARATE XYZ e COMBINE XYZ

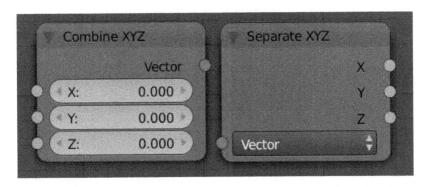

fig. 335 i nodi *Separate XYZ* e *Combine XYZ*

Questi due nodi separano e combinano rispettivamente le coordinate *x*, *y* e *z* di un vettore cui sono associati in ingresso o in uscita.

WAVELENGTH

Wavelength converte un valore espresso in nanometri in coordinate RGB, ossia un colore.

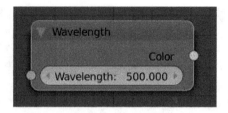

fig. 336 il nodo *Wavelength*

BLACKBODY

Utile se associato a una fonte luminosa (Lamp), il nodo **Blackbody** converte una temperatura espressa in *Kelvin* in colore *RGB*.

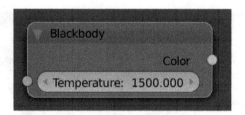

fig. 337 il nodo *Blackbody*

G) NODO *SCRIPT*

SCRIPT

Questo nodo permette di inserire uno *Script* nel *Node Editor*.

fig. 338 il nodo *Script*

H) GROUP

MAKE GROUP e UNGROUP

Non si tratta di nodi ma funzioni che permettono di raggruppare (CTRL + G) o separare (ALT + G), se già raggruppati, tra loro i nodi selezionati nel *Node Editor*.

Il *Node Editor* entrerà in una modalità a parte, di colore verde chiaro, in cui in semitrasparenza si intravedono i nodi non facenti parte il gruppo.

All'interno della modalità normale del *Node Editor*, il gruppo di nodi appare inserito in un nodo specifico *(NodeGroup)*.

L'icona in alto a destra del nodo serve per espanderlo ed entrare all'interno del gruppo per eventuali modifiche.

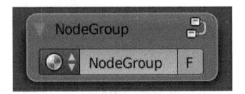

fig. 339 *NodeGroup*

Questo sistema è utile per ridurre di dimensioni una complessa e apparentemente ingarbugliata, difficilmente leggibile, configurazione di nodi.

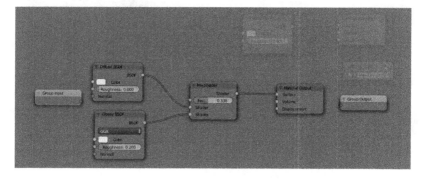

fig. 340 modalità *Group*

Per aprire e chiudere contemporaneamente il *NodeGroup* è sufficiente premere il tasto TAB.

H) LAYOUT

Questo gruppo di nodi è composto da due soli elementi: **Frame** e **Reroute**.

FRAME e REROUTE

Frame consente di raggruppare e organizzare graficamente all'interno di una cornice nel *Node* Editor in una cornice (*frame*) alcuni nodi.

Frame non esercita alcuna modifica nel funzionamento dei nodi.

292

È utile, ad esempio, per raggruppare nodi di uno stesso tipo, o una concatenazione di nodi che rappresentino un complesso significato logico.

Per prima cosa, occorre creare la cornice, inserendo un nodo *Frame*.

Poi, selezionati prima i nodi e poi la cornice, basterà digitare CTRL + P.

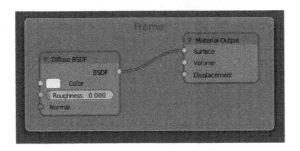

fig. 341 il nodo *Frame*

Automaticamente i nodi saranno legati alle dimensioni della cornice che potrà essere ricolorata o modificata con i comandi presenti nei pannelli della *Sidebar* destra del *Node Editor*.

fig. 342 rinominare e ricolorare nodi e *frame*

293

Reroute inserisce uno snodo nel flusso tra due nodi connessi, creando uno sdoppiamento del percorso verso un altro nodo.

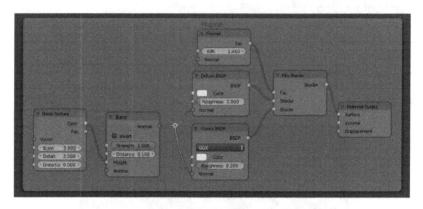

fig. 343 *Reroute* tra il nodo *Bump* e i due *socket Vector* degli *shader*

Per connettere direttamente i *socket* di entrata e uscita dello stesso tipo (gialli con gialli, grigi con grigi, etc.) tra due nodi è sufficiente digitare il tasto F. A pressioni multiple, verranno connessi anche i *socket* successivi dello stesso tipo.

Per disconnettere rapidamente due nodi, invece, quindi "*tagliare*", interrompere il flusso, è possibile, in luogo di staccare il flusso dal canale di uscita, utilizzare un metodo simile al coltello *knife*, tenendo premuto CTRL (o CMD per Mac) e contemporaneamente trascinare con LMB premuto, attraversando la curva del flusso.

3.2.4. *Specular Map*

La **Specular Map**, è un tipo di *texture* in scala di grigi, utile per definire l'intensità dell'effetto speculare (ossia di riflessione) di un materiale.

La *texture* assegna intensità di riflessione superiore in corrispondenza delle aree tendenti al bianco e viceversa nelle aree più scure.

Tale *texture* può essere ad esempio utilizzata come fattore della rugosità (*Roughness*) di uno *shader Glossy*, intervenendo sulla riflessione.

Per chiarire il concetto, non è detto che tutte le parti di un materiale rappresentato da una *texture* rifletta uniformemente ovunque. Si pensi ad esempio, a una griglia in sequenza di piastrelle in ceramica, in cui queste rifletteranno e le fughe in cementite risulteranno opache.

La *Specular Map* si presenterà verosimilmente bianca in corrispondenza delle piastrelle e nera (o grigio scuro) in corrispondenza delle fughe in cementite.

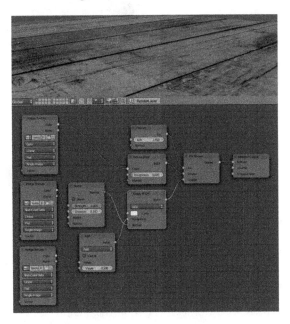

fig. 344 concatenazione completa dei nodi di un tavolato, tenendo sotto controllo la riflessione con una *Specular Map*

295

3.2.5. Il canale Alpha

Alcuni *shader* e altri nodi consentono la gestione del canale *alpha*. Per chiarire più rapidamente i concetti e la metodologia, eseguiremo un esercizio dedicato.

 ESERCIZIO n. 11: UNA FOGLIA

Non è detto che modellare una foglia sia il metodo migliore e più rapido, soprattutto se si dispone di una buona *texture* (ve ne sono moltissime in rete) che raffiguri la foglia all'interno di un *background* trasparente o di colore bianco o nero.

METODO 1

fig. 345 *texture diffuse* della foglia e *texture* del contorno della foglia su sfondo *flat*

Se si è in possesso della *texture* raffigurante la foglia e della *texture* corrispondente con la foglia scontornata bianca o nera e lo sfondo inverso (nero o bianco), utilizzeremo questo primo metodo.

Inseriamo un piano e scaliamolo. Entriamo in *Edit Node* ed effettuiamo l'*unwrapping*.

Assegniamo al piano un nuovo materiale.

Il materiale sarà composto da un mix fra un nodo *Diffuse* e un nodo *Transparent*.

296

La *texture* della foglia a colori sarà applicata al *Diffuse*, mente la *texture* bianca e nera fungerà da fattore di bilanciamento fra il *Diffuse* e il *Transparent*. nella fattispecie, *Cycles* renderizzerà la foglia a colori in corrispondenza dell'area nera della *texture* bicolore e renderà trasparente il resto in corrispondenza dell'area bianca.

fig. 346 impostazioni e renderizzazione di una foglia con il primo metodo

METODO 2

fig. 347 impostazioni e renderizzazione di una foglia con il secondo metodo

Qualora si disponga invece di una *texture* in cui la foglia a colori con sfondo trasparente e canale *alpha* attivo (*.png), allora si può utilizzare il *socket* in uscita *Alpha* del nodo *Image Texture* stesso per fungere da fattore *Fac* di bilanciamento fra la trasparenza (sul *socket* di ingresso 1 del *Mix Shader*) e la *texture* stessa (sul *socket* 2).

 ESERCIZIO n. 12: MATTONELLE

In questo esercizio creeremo una superficie rivestita in mattonelle.

Per prima cosa recuperiamo una buona *texture_diffuse* e le relative *bump* e *specular*.

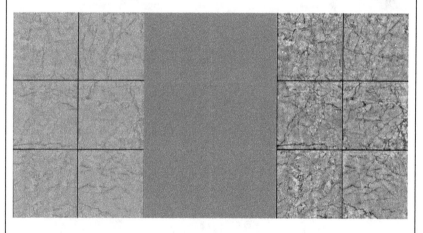

fig. 348 *texture* delle *tiles*: da sinistra verso destra, *diffuse*, *bump* e *specular*

Creiamo un piano e in *Edit Mode* eseguiamo l'*unvrapping Project from View* con vista *Top* (7 NUM).

Assegniamo quindi un nuovo materiale alla *mesh* cliccando sul pulsante *New* del *tab Material* della finestra *Properties*.

Come di consueto impostiamo una configurazione di nodi che preveda la miscelazione fra lo shader *Diffuse* (su cui connetteremo in ingresso la *texture_diffuse* e un *Glossy* la cui rugosità sarà gestita dalla *texture Specular*, che assegnerà riflessione bassa alle fughe e ad alcune venature e più alta sul resto della superficie.

L'indice di rifrazione (nodo *Fresnel*) controllerà la quantità globale di riflessione in base all'angolo di incidenza, mentre al *socket Height* del *Bump*, connesso sia al *Diffuse*, sia al *Glossy*, connetteremo la *texture* (*Non-Color Data*) *texture_bump*. Regoleremo quindi il parametro *Height* a 0.3 per evitare rilievi eccessivi.

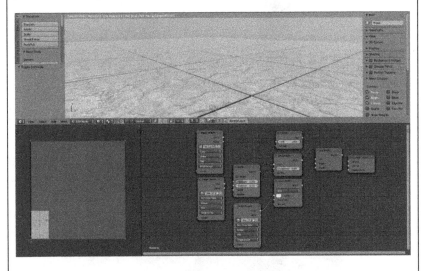

fig. 349 configurazione dei nodi per la renderizzazione di un materiale a piastrelle

 ESERCIZIO n. 13: UNA TAZZINA IN CERAMICA

Per modellare una tazzina in ceramica possiamo scegliere di utilizzare uno dei metodi già visti in precedenza per il bicchiere, vale a dire per estrusioni successive e per rotazione di un profilo, sia essa generata dal modificatore *Screw* sia dallo strumento *Spin*.

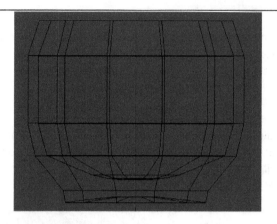

fig. 350 modellazione del corpo della tazzina

Aggiungiamo i *loop* necessari e selezioniamo le facce direzionate verso l'asse x per realizzare l'impugnatura per estrusione.

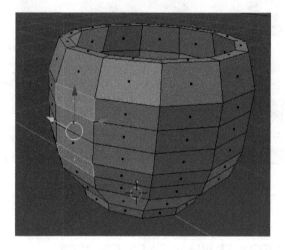

fig. 351 le facce da estrudere per realizzare l'impugnatura

Estrudiamo più volte le due facce con *Extrude Individual*, regolando di volta in volta la rotazione e la posizione, fino a formare una forma ad arco.

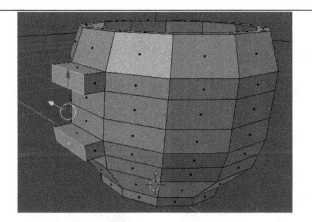

fig. 352 estrusione individuale delle facce

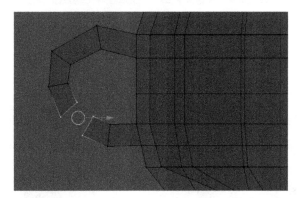

fig. 353 selezione delle facce terminali

Uniamo infine con *Bridge* le due facce terminali.

fig. 354 *Loop Tools*

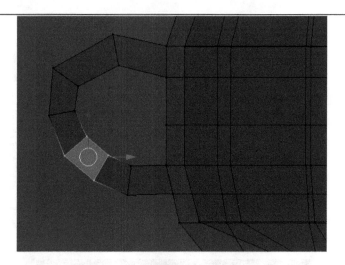

fig. 355 unione delle facce terminali con *Bridge*

Regoliamo lo spessore in direzione *y* del manico con *Scale* (S, Y).

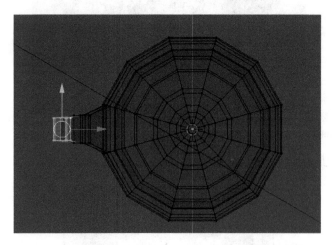

fig. 356 ridimensionamento dello spessore del manico

Aggiungiamo alla *mesh* un modificatore *Subdivision Surface* a tre divisioni, quindi uno *Smooth*.

fig. 357 modellazione completa della tazzina

Selezioniamo ora uno dei *loop* circolari interni della tazzina. Duplichiamoli con SHIFT + D e trasciniamoli fuori dalla *mesh* con P.

Selezioniamo quindi il cerchio della nuova *mesh* e, con F creiamo una faccia. Aggiungiamo alcuni *Inset* e applichiamo definitivamente a questa superficie il modificatore *Subdivision Surface*.

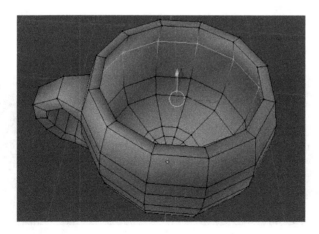

fig. 358 selezione del *loop* interno alla tazzina

303

fig. 359 la nuova *mesh*

Questa *mesh* sarà il caffè contenuto nella tazzina. A piacimento ovviamente potete definire la quantità a seconda del *loop* che avrete scelto.

Rinominiamo le *mesh* "tazzina" e "caffè".

A questo punto entriamo in *Edit Mode* del caffè e solleviamo e abbassiamo con il *Proportional Editing* attivato alcuni vertici, in modo da ottenere delle lievi onde della superficie del liquido.

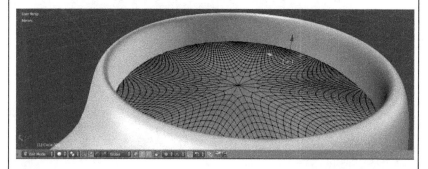

fig. 360 *Proportional Editing* durante la modifica della posizione lungo l'asse z di alcuni vertici della *mesh* "caffè"

Procuratevi ora la *texture* di un caffè espresso (o del tipo di bevanda opaca che preferite).

fig. 361 *texture_diffuse* (a sinistra) e *specular* (a destra) per il caffè espresso

Eseguiamo l'*unwrapping* della *mesh* "caffè" nella modalità *Project from View*, dopo aver posizionato la vista *Top* (7 NUM).

Assegniamo a "caffè" un nuovo materiale e rinominiamolo "caffè".

fig. 362 configurazione dei nodi per renderizzare il *caffè*

305

Questo materiale sarà composto da un mix fra un *Diffuse* a cui assegneremo la *texture_diffuse* e un *Glossy*. Non curiamoci dell'indice di rifrazione, bilanciamo semplicemente il *Fac* impostando un valore 0.1.

Colleghiamo un nodo *Image texture* (con la *texture_specular* caricata) al *Roughness* del nodo *Glossy*, in modo che le bolle riflettano meno del resto della superficie.

fig. 363 configurazione dei nodi per renderizzare la ceramica

Infine creiamo il materiale per la tazzina. Questo materiale ceramico è davvero semplice. Può essere composto da un semplice mix fra due *shader Diffuse* e *Glossy* bilanciati a 0.3.

ESERCIZIO n. 15: LA BASE DI UNA CUCINA: CREARE I MATERIALI CON CYCLES

Riprendiamo la base della cucina su cui abbiamo già lavorato con *Render Blender*.

Questa volta assegneremo i relativi materiali (legno e laminato) realizzandoli con *Cycles*.

Ricarichiamo il file precedentemente salvato contenente la base cucina e cambiamo il motore di *rendering*.

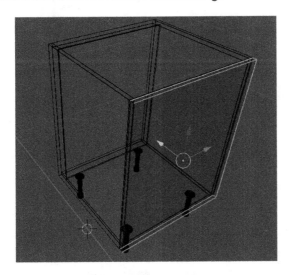

fig. 364 *unwrapping* e *Mark Seam* della *mesh*

Selezioniamo l'anta e applichiamo un nuovo materiale cliccando su *New*. Rinominiamolo *"legno"*

Impostiamo la consueta configurazione *standard* di nodi.

In *Edit Mode* eseguiamo l'*unwrapping*, ma non prima di aver demarcato gli spigoli di scucitura con CTRL + E, *Mark Seam*.

A questo punto le facce dell'anta potranno essere mappate in piano da una *texture* in modo che la venatura del legno corra sui bordi in senso longitudinale e sulle facce in senso verticale.

Il tipo di legno che vogliamo riprodurre sarà un rovere grigio con spazzolatura a 90°, in voga questi ultimi anni, detta in gergo *tranché*.

307

Inseriamo nel nodo *Image Texture* il file *legno rovere grigio_diffuse.jpg*.

fig. 365 *texture diffuse* del legno

Impostiamo come indice di rifrazione *IOR* del nodo *Fresnel* il valore 1.650 e alla rugosità *Roughness* del *Glossy* 0.2, in modo da non riflettere eccessivamente.

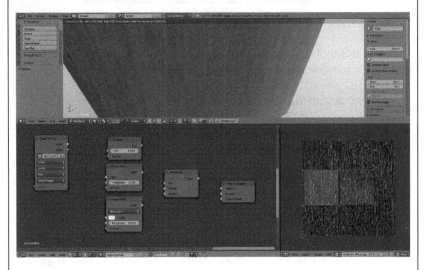

fig. 366 primo passo della configurazione dei nodi

308

Il primo passo è fatto.

Ciò su cui lavoreremo molto è la complessità dei nodi legati al *Bump*.

Questa configurazione di nodi gioca attorno alla miscelazione tra diversi tipi di *texture* rappresentante graffi e altre venature.

fig. 367 *texture legno2.jpg* da utilizzare come *Bump*

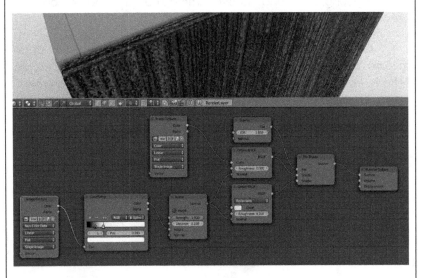

fig. 368 inserire *legno2.jpg* come prima *texture* di *Bump*

Carichiamo in un nodo *Image Texture* (in *Non-Color Data*) il file *legno2.jpg* e assegniamolo al *socket* in ingresso *Height* del *Bump*, a sua volta connesso sia al *Diffuse*, sia al *Glossy*.

Regoliamo il range dinamico della *texture* inserendo un nodo *ColorRamp* fra la *texture* e il *Bump*.

fig. 369 *texture Metal Graffi1.jpg* da utilizzare come seconda texture per il Bump

Aggiungiamo una nuova immagine a fondersi con la precedente con il *Bump: Metal Graffi1.jpg*.

Questa *texture*, che raffigura nella realtà la satinatura di un metallo spazzolato, può essere utilizzata con successo per creare l'effetto *tranché* del legno, nel senso opposto alla venatura naturale.

Inseriamo infine una terza *texture* da miscelare alle altre due: *Metal Graffi2.jpg*.

fig. 370 *texture Metal Graffi2.jpg* da utilizzare come terza texture per il Bump

Lavoriamo sul range dinamico delle ultime *texture* con i *ColorRamp* e sommandoli insieme con un nodo *Color MixRGB* impostato su *Add*, al quale le due *texture* si connettono sui *socket* in ingresso *Color, come in figura.*

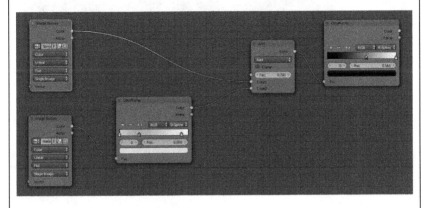

fig. 371 configurazione tra i nodi per la somma di *Metal Graffi1* e *Metal Graffi2*

Scaliamo con un nodo *mapping* (y = 15) queste due *texture.*

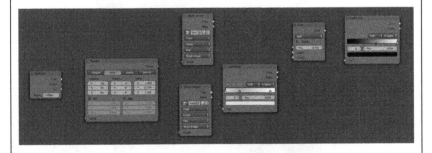

fig. 372 *Mapping* delle due *texture Metal Graffi1* e *Metal Graffi2*

Quindi inserendo un nodo *Math Multiply* moltiplicheremo il prodotto della *texture legno2.jpg* e quello della somma delle due *Metal Graffi1* e 2.

Potete eventualmente utilizzare *GroupNode* per semplificare la visualizzazione dei nodi.

311

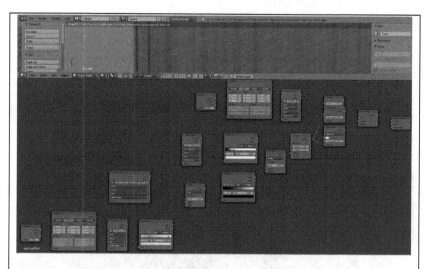

fig. 373 configurazione dei nodi che riproducono un legno *tranché*

Il risultato è davvero soddisfacente.

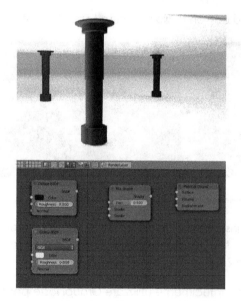

fig. 374 i piedini della base

Passiamo ora a definire il colore dei piedini e della scocca.

I primi saranno semplicemente neri semilucidi.

Creiamo un nuovo materiale e aggiungiamo al diffuse con un colore nero un *Glossy* con bilanciamento 0.5 tra i due e *Roughness* sul *Glossy* a 0.0 o 0.1.

La scocca sarà invece grigio semilucido. Lo schema dei nodi sarà analogo al precedente, con il colore grigio chiaro impostato nel *Diffuse* e il *Roughness* del *Glossy* a 0.2.

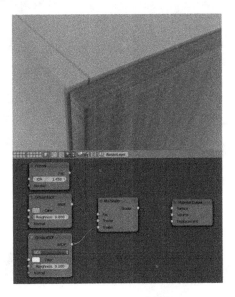

fig. 375 la scocca grigia

Per ora non preoccupiamoci troppo dell'illuminazione, di cui faremo una trattazione a parte. Inseriamo due pannelli emittenti (due plane con assegnati altrettanti *shader Emission*) e posizioniamoli in diagonale ai due lati della base in modo da produrre ombre molto diffuse.

Potete utilizzare il file allegato *Light Setup Scene.blend*.

313

Posizioniamo infine camera e lanciamo il rendering.

fig. 376 *rendering* finale della base cucina con *Cycles*

🖱 **ESERCIZIO n. 15: UN MURO BUCCIATO**

Per rendere una muratura più interessante agli occhi di chi ammirerà il vostro *rendering*, è utile rendere la sua superficie non eccessivamente liscia.

Il metodo più evidente potrebbe essere quello di applicare al *Bump* del materiale una *texture* che rappresenti una bucciatura. Tuttavia l'uso di una o più *texture* procedurali potrebbe fornire risultati più interessanti.

Creiamo la parete e applichiamo un nuovo materiale. Impostiamo quindi la configurazione base dei nodi.

Se intendiamo utilizzare una *texture* immagine, entriamo in *Edit Node* ed eseguiamo l'*unwrapping*, eventualmente segnando con *Mark Seam* le linee di taglio.

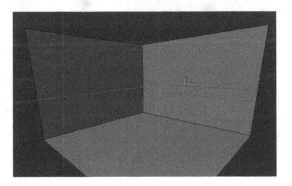

fig. 377 modellazione delle pareti e *scucitura* della *mesh*

Inseriamo una *Noise Texture* e colleghiamo l'uscita *Fac* all'ingresso *Height* del nodo *Bump*.

Regoliamo la grana della *Noise Texture* in modo che sia molto fitta (ad esempio *Scale* = 500).

Regoliamo la forza (*Strength*) del *Bump* a 0.05.

Possiamo colorare la parete in modo che oltre all'effetto di bucciatura si presenti anche nuvolata, miscelando due colori (ad esempio due tonalità di grigio, piuttosto che altri colori a piacimenti) con una seconda *Noise Texture* che agisca da fattore (*Fac*) di bilanciamento tra i due colori *RGB* inseriti in un nodo *MixRGB*.

Potete ulteriormente implementare la complessità della bucciatura, miscelando assieme due o più *texture* procedurali, lavorando sul *ColorRamp* per determinare un dettaglio più o meno definito dell'effetto di rilievo.

315

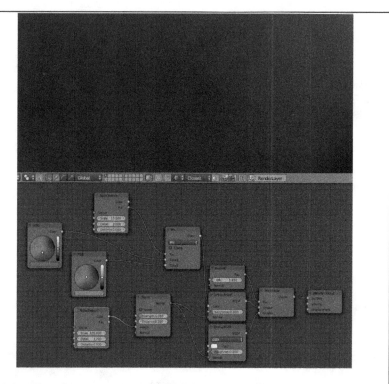

fig. 378 configurazione dei nodi e *rendering* di un muro bucciato

3.2.6. Ridimensionamento e minimizzazione dei nodi

Ogni nodo dispone di un triangolino grigio in alto a sinistra. Se premuto, il nodo si minimizzerà in modo da occupare meno spazio possibile nel *Node Editor*. Per ripristinare le dimensioni originali basta cliccare ancora sul triangolino che apparirà ruotato di 90°. Ogni nodo può inoltre essere ridimensionato trascinando i suo bordi con LMB.

fig. 379 Collasso di un nodo

316

3.2.7. Personalizzare i nodi: le *Sidebar* del *Node Editor*

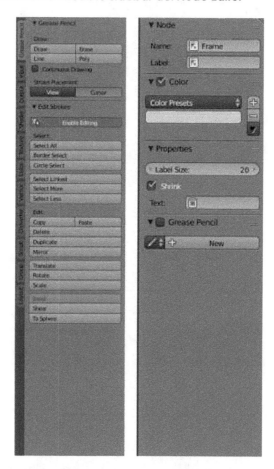

fig. 380 le due *Sidebar* del *Node Editor*

In modo del tutto analogo alla 3D view, anche il *Node Editor* dispone di due *Sidebar*, una *Tolls Shelf* sulla sinistra attivabile e disattivabile con il tasto T e una *Properties Bar* sulla destra, attivabile e disattivabile con il tasto N.

La **Tools Shelf** è suddivisa in *tab* quanti sono i gruppi dei nodi. È possibile aggiungere un nodo direttamente da questa *Sidebar*.

318

Oltre ai *tab* relativi ai nodi, è disponibile un altro *tab* denominato **Grease Pencil**, utile per disegnare nella finestra di lavoro e prendere appunti, del tutto simile al pannello omonimo sito nella *Properties Bar* della 3D view, che verrà descritto in seguito.

La **Properties Bar** contiene alcuni pannelli utili per personalizzare i nodi.

Nel pannello **Node** sono presenti due voci. *Name* consente di visualizzare ed eventualmente rinominare un nodo selezionato (attivo). Nella casella di testo *Label* è possibile aggiungere ulteriori informazioni o etichette al nodo.

fig. 381 pannello *Node*

Nel pannello **Color** è possibile, se attivata la spunta, intervenire nel colore (tavolozza *Color*) dello sfondo di un nodo. Le funzioni sono utili, al pari dei raggruppamenti, per colorare nodi di una specifica concatenazione, come ad esempio, tutti i nodi relativi al *Bump* di un materiale.

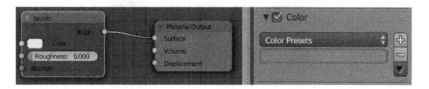

fig. 382 modificare il colore di fondo di un nodo

Nel pannello **Properties** sono contenute tutte le informazioni relative al nodo: i parametri, i colori e i *socket* di ingresso e di uscita.

319

Il pannello **Grease Pencil** verrà analizzato nel dettaglio nel paragrafo successivo.

3.2.8. La *header* del *Node Editor*

fig. 383 la *header* del *Node Editor*

Come ogni finestra, anche il *Node Editor* dispone di una intestazione, o *header*, in cui sono riassunti i principali comandi e le funzioni relative ai nodi, la visualizzazione, la selezione, gli ambienti di lavoro e altre modalità.

Il primo menu è **View** in cui sono presenti tutte le funzioni relative alla visualizzazione.

fig. 384 il menu *View*

Le opzioni sono esattamente le stesse di quelle già descritte in merito all'omonimo menu dell'*header* della 3D view.

320

Il secondo menu, **Select** contiene tutti i comandi legati alla selezione dei nodi.

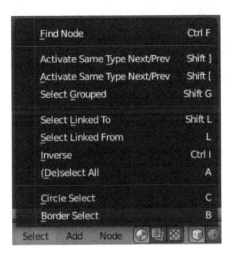

Find Node (CTRL + F) attiva una finestra nell'area di lavoro dei nodi in cui è presente la lista dei nodi presenti, dalla quale è possibile selezionarne uno. Contestualmente, il nodo selezionato risulterà attivo anche graficamente.

321

Activate and View Same Node Type, Step by Step consente, selezionato un nodo, di selezionare, uno alla volta alla ripetizione del comando, tutti i nodi della stessa natura di quello selezionato.

Select Grouped (SHIFT + G) raggruppa i nodi secondo una delle opzioni del menu: *Type, Color, Prefix, Suffix.*

fig. 387 il menu *Select Group*

Select Linked To (CTRL + L) permette di selezionare i nodi connessi in uscita a quello attivo.

Selected Linked From (L) seleziona i nodi connessi in ingresso al nodo attivo.

Inverse (I) inverte la selezione dei nodi.

(De)Select All (A) seleziona o deseleziona tutti i nodi presenti nel *Node Editori.*

Circle Select (C) e *Border Select* (B) effettuano una selezione circolare o rettangolare in modo del tutto analogo alla selezione degli oggetti nella scena 3D.

Dal menu **Add** è possibile inserire un nodo. I nodi sono raggruppati per generi e funzionalità.

322

Il menu **Node** contiene tutti gli strumenti relativi alla funzionalità dei nodi e alle loro trasformazioni.

Collapse and Hide Unused Sockets permette di nascondere tutti i *socket* di un nodo a cui non è connesso alcun flusso, riducendo il nodo di dimensioni.

fig. 388 il menu *Node*

323

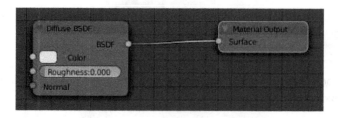

fig. 389 collasso dei *socket* del nodo *Material Output*

Le opzioni *Toggle* che seguono servono per espandere i nodi.

Group Insert consente di inserire un nodo o più nodi selezionati in un gruppo di nodi esistente, mentre *Make Group* (CTRL + G), *Ungroup* (ALT + G) e *Edit Group* (TAB) consentono, alla pari dei nodi *Group* (SHIFT + A) di raggruppare nodi, trascinarli al di fuori di un gruppo o entrare all'interno del raggruppamento.

Detach Links elimina tutti i flussi di connessione fra i nodi selezionati.

Cut Links (CTRL + LMB) permette di interrompere un flusso.

Make and Replace Links (SHIFT + F) crea dei flussi fra i nodi selezionati connettendo automaticamente tra loro *socket* in ingresso con *socket* in uscita dello stesso tipo (colore).

Make Links (F) riproduce l'azione di connettere due *socket* tramite flusso.

Remove from Frame (ALT + P) scollega il nodo a qualsiasi parentela con i fotogrammi, mentre *Join in New Frame* (CTRL + J) collega il nodo al *frame* corrente.

Detete with Reconnect (ALT + X) elimina i nodi selezionati i una catena connettendo automaticamente i due nodi estremi esterni alla selezione.

Delete (X o CANC) elimina i nodi selezionati.

Duplicate (SHIFT + D) duplica nodi selezionati con nodi identici.

Resize (S) scala di dimensioni la selezione di nodi allargando o restringendo i flussi.

Rotate (R) ruota la posizione dei nodi selezionati attorno al baricentro della selezione.

Translate (G) sposta i nodi selezionati.

Le tre icone che seguono si riferiscono al **Node Tree**, cioè a quale ambiente si riferisce il sistema dei nodi.

Questo può essere scelto tra *Material* (per comporre, come visto finora, materiali con i nodi), *Compositing* (per lavorare in post produzione su un *render, metodo che analizzeremo più avanti, quando ci concentreremo sul vasto mondo del compositing*) e *Texture* (in disuso in *Cycles*).

fig. 390 *Node Tree*

Il gruppo dei tre pulsanti successivi (**Type of Data**) definisce se il *Node Editor* si riferisce ai dati di un oggetto su cui si applica il materiale, all'*environment* (*World*) o al *Line Style* (per definire gli spessori delle linee di contorno per la modalità *Freestyle*.

fig. 391 *Type of Data*

fig. 392 *browser*

Il **Browser** permette di caricare o selezionare un materiale o un'immagine (nel caso del *compositing*), per poter effettuare modifiche sui nodi.

F consente di duplicare il materiale selezionato, + di creare un nuovo materiale e X di eliminarlo.

La spunta **Use Nodes** attiva o disattiva la visualizzazione e l'editing dei nodi su un materiale o su una immagine in *compositing*.

Il pulsante a icona con la puntina, permette di mettere un *pinning*, ossia di segnare come importante una configurazione di nodi.

Il pulsante con la freccetta, rimanda alla parentela della concatenazione dei nodi attiva, se esistente.

I due pulsanti di **Snap** funzionano come quelli nella 3D view e consentono di agganciare e allineare tra loro i nodi.

Infine i due pulsanti **Copy** e **Paiste** copiano e incollano i nodi selezionati nella *clipboard*.

fig. 393 Snap, Copy e Paiste

327

3.3. Grease Pencil

Il **Grease Pencil** è una tecnica che consente di disegnare direttamente nell'area di lavoro, agganciando la prospettiva del disegno a mano libera sulla vista corrente o sugli oggetti, a seconda dei casi e delle necessità.

Gli strumenti e le configurazioni di questa penna si trovano nei pannelli denominati **Grease Pencil**, posti nella *Tools Shelf* e nella *Properties Bar* all'interno della 3D view, del *Node Editor* e di tutte le finestre che permettono al loro interno di disegnare a mano libera.

> **NOTA:** le funzionalità del *Grease Pencil* illustrate sono pressoché identiche tra quelle relative alle varie finestre, i cui parametri e strumenti si trovano nelle relative e analoghe *sidebar*.

3.3.1. Tools Shelf

Il *tab Grease Pencil* posto all'interno della **Tools Shelf**, è suddiviso in due pannelli:

- **Grease Pencil**, che contiene gli strumenti base per disegnare (*Draw, Erase, line* e *Poly*); una spunta *Continuos Drawing* per tracciare una linea continua di diversa natura; e lo *switch Stroke Placement* che blocca le linee disegnate sulla *viewport* (*View*), sul *3D Cursor* (*Cursor*), sulla superficie delle *mesh* (*Surface*) e rispetto al tratto stesso (*Strokel*), *queste ultime due opzioni disponibili solo nella 3D view;*

- **Edit Strokes**, che contiene gli strumenti per editare i vertici che compongono la linea tracciata. Il pulsante *Enable Editing* attiva tutti gli strumenti per l'editing, del tutto analoghi a quelli presenti nella *Tools Shelf* della 3D view.

328

fig. 394 i pannelli *Grease Pencil* relativi alla *Tools* Shelf del 3D view e al *Node Editor* presentano piccole differenze

329

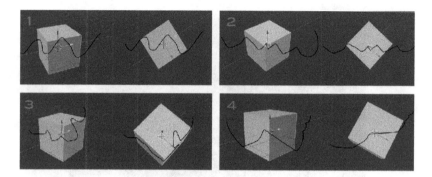

fig. 395 diversi effetti dello *Stroke Placement* nella 3D view. 1) *View*: il tratto rimane fisso rispetto alla vista corrente; 2) *Cursor*: il tratto rimane fedele alle coordinate del *3D Cursor*; 3) *Surface*: il tratto si stampa sulla superficie degli oggetti, come se vi fosse disegnata sopra; 4) *Stroke*: la rotazione e il panning della scena sono in funzione del tratto

Una volta selezionato il tipo di linea che si intende tracciare dal pannello *Grease Pencil*, all'interno dell'area di lavoro è sufficiente trascina con LMB per disegnare.

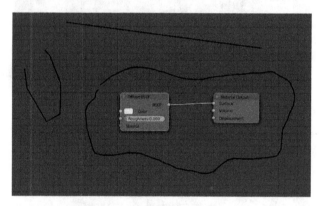

fig. 396 disegnare con *Grease Pencil* nell'area di lavoro del *Node Editor*

Ogni linea tracciata, come detto, può essere editata, selezionando e spostando i vertici che la compongono. Ogni vertice selezionato si colora di arancio.

Valgono tutti i metodi di selezione precedentemente visti per la selezione degli oggetti.

330

fig. 397 *editing* di una linea

3.3.2. Properties Bar

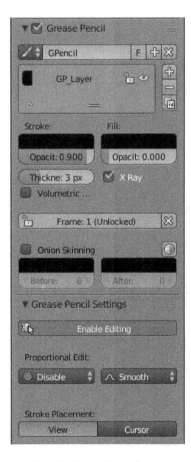

fig. 398 il pannello *Grease Pencil* della *sidebar Properties*

Il pannello **Grease Pencil** che si trova nella finestra **Properties**, contiene tutte le informazioni sulle linee tracciate nell'area di lavoro del *Node Editor* attraverso gli strumenti di disegno precedentemente descritti ed in particolare:

- il nome del *preset* relativo al *Grease Pencil*. È possibile inserirne di nuovi o eliminare quelli esistenti.

- Il *layer* a cui il tratto appartiene;

- il colore del tratto (*Stroke*) e dell'eventuale regione determinata da linee chiuse (*Fill*) e le relative opacità.

- Lo spessore del tratto (*Thickness*);

- la possibilità di disegnare davanti ai nodi, spuntando *XRay*;

- la possibilità, spuntando *Volumetric*, di tracciare la linea a pallini distanti tra loro in funzione della rapidità con cui si disegna sulla finestra;

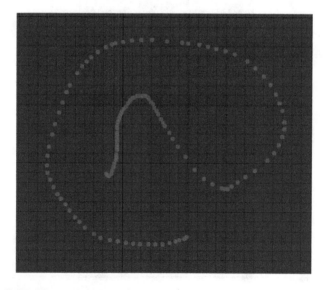

fig. 399 effetto della spunta *Volumetric*

- la possibilità di bloccare il *frame* corrente al *layer* del *Grease Pencil* e creare in questo modo una animazione di un disegno a mano libera.

L'ultimo pannello, **Grease Pencil Settings** attiva nuovamente la funzione *Stroke Placement* e il *Proportional Edit* applicato alla trasformazione dei vertici del tratto selezionato.

3.4. Illuminazione

Dal punto di vista tecnico e concettuale, l'illuminazione agisce esattamente nello stesso modo con qualsiasi motore di *rendering* di tipo *unbiased*. Questo significa che quanto già descritto per *Render Blender* vale anche per Cycles, a meno di alcuni parametri e interfacce proprie di *Cycles*.

Com'è noto, *Cycles* fa uso dei nodi per creare materiali. I nodi, tuttavia sono utilizzati anche per quanto riguarda l'illuminazione.

Le varie forme di illuminazione che offre Blender illuminano la scena con *Cycles*, grazie alla concatenazione di nodi. Ciò vale per le *Lamp* così come per gli *environment*, siano essi immagini emettenti, immagini *HDR*, cieli procedurali.

3.4.1. *Tab Lamp*

In questo *tab* è possibile definire la natura dell'oggetto *Lamp* inserito nella scena 3D.

Così come per *Render Blender*, sono disponibili 5 tipi di luci: *Point, Sun, Spot, Hemi* e *Area*.

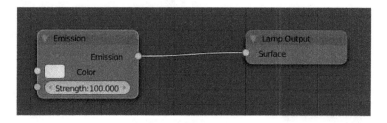

fig. 400 configurazione *standard* dei nodi associati a una fonte di luce

L'effetto irradiante di ogni *Lamp* viene quindi definito da un nodo *Emission* (sul quale è solitamente associato un colore che definisce la temperatura della luce) connesso a un nodo *Lamp Output*.

Il nodo *Emission* definisce, oltre al colore, anche l'intensità della luce (*Strength*) che, tranne che per *Sun* definisce i *watt* di potenza.

Nel *tab Lamp* sono attivi 3 principali pannelli: *Preview* (che mostra l'anteprima della fonte di illuminazione), *Lamp* (che definisce le dimensioni della fonte luminosa in relazione all'ombra proiettata) e *Nodes* (che riassume la concatenazione dei nodi, esattamente come se si trattasse di un normale materiale).

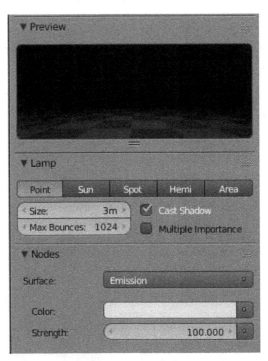

fig. 401 i pannelli del *tab Lamp*

Mentre il pannello **Nodes** riassume la concatenazione di nodi che rappresenta il flusso luminoso, nel pannello **Lamp** può essere determinata la natura della fonte luminosa.

Entrando nel dettaglio, a seconda del tipo di luce, i parametri contenuti in *Lamp* possono variare leggermente.

Size definisce le dimensioni della fonte luminosa, diretta conseguenza di ombre più definita (valori bassi) o sfumata (valori alti).

Max. Bounces definisce la risoluzione dell'ombra proiettata in base ai campioni (di *default* 1024).

Cast Shadow, se spuntato proietta le ombre su altre superfici e oggetti.

Multiple Importance riduce il rumore prodotto dalle ombre a scapito della velocità di calcolo.

I tipi di *Lamp Spot* e *Area* offrono alcuni parametri aggiuntivi rispetto a quelli sopra descritti.

Il primo (*Spot*) aggiunge un pannello in più, *Spot Shape* che contiene alcuni parametri che definiscono la forma e il comportamento del cono di luce.

Size definisce l'ampiezza del cono, espressa in gradi.

Blend la sfumatura fra area illuminata dal cono di luce e area in ombra. Per valori maggiori si ottiene un effetto più morbido, graduale.

Show Cone mostra il cono di luce.

fig. 402 il pannello *Spot Shape* relativo alla *Lamp Spot*

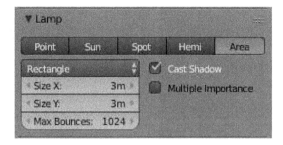

fig. 403 il pannello *Lamp* del tipo *Area*

Il secondo (*Area*) aggiunge due contatori per definire le dimensioni x e y del pannello emettente.

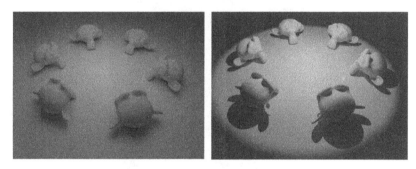

fig. 404 illuminazione della scena (con *Spot*). A sinistra il *Size* è impostato a 5 metri e produce ombre morbide; a destra il *Size* è impostato a 0 e produce ombre nette

3.4.2. Tab World (environment)

Una scena, come già visto in precedenza, può essere influenzata parzialmente o totalmente dall'*environment*, ossia dall'illuminazione dell'ambiente circostante.

Tale ambiente, che di fatto costituisce anche lo sfondo di una scena, può essere rappresentato da un piano contenente una immagine a sua volta associata come colore di un *Emission*, o come

337

una immagine impostata come *Environment Texture*, o come uno sfondo procedurale, ad esempio *Sky Texture*.

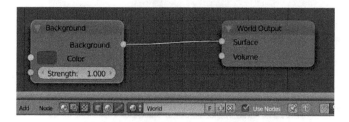

fig. 405 configurazione dei nodi relativi all'ambiente *World*

fig. 406 il *tab World* in *Cycles*

Tranne che per il primo caso, che è semplicemente un piano posto all'interno della scena, e pertanto rappresentato dai nodi in ambiente *Material* del *Node Editor*, gli altri fanno riferimento all'ambiente *World* e le *texture* di riferimento costituiscono la colorazione del nodo *Background*, corrispondente a una via di mezzo tra *Diffuse* ed *Emission* nell'ambiente *Material*.

Nel pannello **Surface** sono inseriti i nodi che determinano quell'*environment*. Sono costituiti, come detto da un nodo *Background*, che definisce la colorazione dello sfondo. Impostando questo colore sul nero assoluto, l'*environment* non influenzerà in nessun modo l'illuminazione della scena, lasciando l'incombenza alle sole luci *Lamp*.

È possibile collegare un nodo *Image* a *Background*, come *texture* procedurali per ottenere effetti psichedelici, *Sky Texture* per ottenere un cielo, *Environment Texture* su cui caricare una *texture environment*, solitamente del tipo sferico, o *HDRI* che sono elaborazioni di immagini panoramiche a 360° sul piano *xy* o sui piano *xy*, *xz* e *yz* (immagine sferica). Tali immagini hanno estensione *.hdr*.

fig. 407 immagine *hdri*

339

Come detto, il parametro *Strength* del nodo *Background* determina l'intensità luminosa che la *texture* produrrà nella scena, illuminando gli oggetti.

Questo tipo di metodo di illuminazione è davvero realistico e spesso non necessita neppure di luci aggiuntive o del sole.

Ci si raccomanda di recuperare immagini *.hdr* di buona qualità.

Per definire le dimensioni della immagine di sfondo, così come la sua rotazione e la posizione, è necessario inserire i nodi *Mapping* e *texture Coordinate*, quest'ultimo connesso al primo tramite il *socket* in uscita *Generated*.

fig. 408 configurazione dei nodi (in ambiente *World*) che definiscono l'illuminazione globale della scena a mezzo di una *texture* *.hdr* le cui dimensioni, rotazione e posizione sono definiti dal nodo *Mapping*

Applicando, invece al nodo *Background* una *Sky Texture*, così come per *Blender Render* è possibile rappresentare e illuminare lo sfondo da questa speciale *texture*, la cui configurazione di nodi è analoga alla precedente.

Così come per la variante in *Render Blender* si può regolare la direzione e l'altezza del sole, agendo sulla sfera, regolare la limpidezza dell'atmosfera (*Turbidity*) e l'effetto di albeggiamento (*Ground Albedo*).

fig. 409 viste panoramiche della scena 3D illuminata dalla *texture* *.hdr

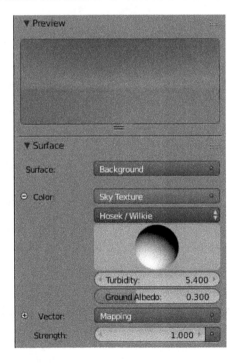

fig. 410 il pannello *Surface* di *World* con una *Sky texture* associata al nodo *Background*

341

fig. 411 *Sky Texture* genera un cielo e un terreno nella scena 3D

Allo stesso modo è possibile inserire altri tipi di *texture* (come una *Noise Texture*, ad esempio, o una normale *Image texture*) ottenendo gli effetti più disparati.

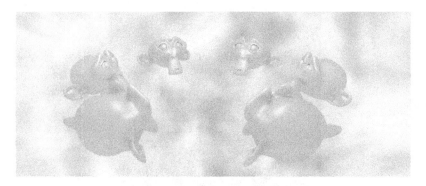

fig. 412 Noise Texture genera un mondo psichedelico e onirico nella scena 3D

Impostando un colore nero non emettente come *environment*, possiamo illuminare una scena, o parte di essa, grazie a un piano o un oggetto emettente luce.

Questo elemento associato a un semplice materiale *Emission*, di solito si utilizza per illuminare e porre maggiore dettaglio di luce in alcune parti chiave di una scena.

fig. 413 questo piano luminoso (dal funzionamento del tutto analogo a *Lamp Area*) è utile per schiarire zone in ombra, creare riflessioni, anche ausiliarie, concentrare il dettaglio e l'attenzione in una parte della scena

Occorre ricordarsi di impedire alla camera di visualizzare il piano luminoso, qualora sia inquadrato, eliminando la spunta *Camera* dal pannello *Ray Visibility* del *tab Object*, come vedremo dettagliatamente fra poco.

fig. 414 il pannello *Ray Visibility*

Ovviamente un piano emettente contenente una immagine può illuminare una scena e fungere contemporaneamente da sfondo.

fig. 415 un *Image as Plane* assegnato a un nodo *Emission* genera uno sfondo emettente luce

343

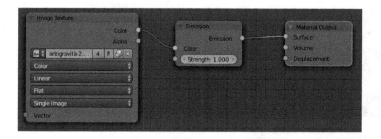

fig. 416 configurazione dei nodi in ambiente *Material* di una immagine emettente luce

Il pannello **Ambient Occlusion** va attivato se si intende godere dell'illuminazione diffusa e non ombreggiata di questa funzione, del tutto analoga a quella descritta in precedenza.

Stesso dicasi per il pannello **Settings**.

Il pannello **Ray Visibility** assegna proprietà specifiche di visualizzazione dell'*environment*, esattamente come avviene per il pannello omonimo relativo agli oggetti.

Spuntando le opzioni a disposizione, l'*environment* influenzerà rispettivamente la *Camera*, nonché il colore di base (*Diffuse*), la riflessione (*Glossy*), la trasparenza (*Transmission*) e il *Volume Scatter* degli oggetti presenti nella scena.

3.4.3. *Light Setup Scene*

Per facilitare la realizzazione di un materiale, è stata creato un *set* fotografico virtuale, in cui in uno spazio dagli spigoli arrotondati sono stati posizionati tre pannelli luminosi, uno a sinistra emettente una luce fredda, uno a destra emettente una luce calda e uno dall'alto emettente una luce neutra.

344

Queste tre fonti di illuminazione producono una luce diffusa e ben bilanciata con ombre appena accennate.

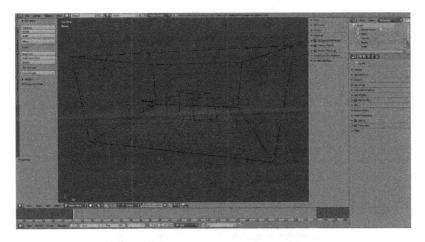

fig. 417 3D view della *Light Setup Scene*

fig. 418 immagine renderizzata all'interno della *Light Setup Scene*

Sono presenti nella scena una camera e un oggetto *Empty*, utile per definire la messa a fuoco.

All'ambiente di sfondo e alle tre luci è stata impostata l'impossibilità di selezione e modifica e la vista *Wireframe* in ambiente 3D, in modo da non interferire nella modellazione.

Potete scaricare il file *Light Setup Scene.blend* dagli allegati a questo volume.

Questo ambiente è inoltre molto utili per rappresentare oggetti, specie, quelli di *design* in un ambiente neutro.

3.4.4. Bake

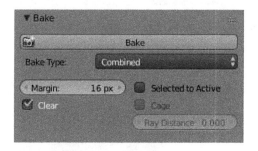

fig. 419 il pannello *Bake* all'interno del *tab Render*

Bake è un termine che incontreremo spesso in Blender. La parola potrebbe tradursi con "*cuocere*", anche se il suo significato opposto, "*congelare*" rende meglio l'idea della funzione che svolge.

Bake congela (o cuoce) la scena o l'oggetto in quel frangente, mantenendo l'evento, la il colore, l'effetto, l'illuminazione, l'ombra, o la simulazione fisica impressi in quel fotogramma, o con quelle specifiche condizioni di illuminazione.

Il comando viene, infatti, utilizzato in diversi casi, che analizzeremo proseguendo con l'analisi gli argomenti, uno ad uno.

Riferito all'illuminazione e alle ombreggiature, in particolare su una *mesh*, *Bake* fissa l'illuminazione, le ombre, i colori e tutte le componenti del materiale assegnato all'oggetto in una nuova *mesh*.

Il processo, benché lento e laborioso, è assai utile nelle animazioni e soprattutto nei *videogame*.

Fissare in una nuova *texture* tutti i componenti e gli effetti derivati dall'illuminazione, rende la scena statica molto più leggera e l'animazione infinitamente più fluida, proprio perché i calcoli di *rendering* sono stati eseguiti in precedenza, in fase di realizzazione e programmazione, evitando quindi che, in tempo reale, il processore o la scheda grafica debbano impiegare tutte le risorse per un calcolo che renderebbe impossibile la fluidità delle immagini o del gioco.

Si pensi, ad esempio, ai complessi giochi di calcio, in cui decine di calciatori partecipano all'azione in un ambiente illuminato. Calcolare senza sosta l'illuminazione e l'ombreggiatura di tutti gli oggetti presenti nella scena, renderebbe la fluidità impossibile.

Questo sistema è tuttavia molto utile e funzionale, a patto che si consideri la fonte di illuminazione fissa e non variabile.

fig. 420 l'illuminazione, le ombre e le riflessioni sono fissate nelle *texture* di tutti gli oggetti in questo noto *videogame*, evitando così il laborioso processo di *rendering* in tempo reale

347

ESERCIZIO n. 16: BAKE DI UNA TEXTURE ILLUMINATA

Facciamo un esempio per comprendere meglio il funzionamento di questo strumento.

Inseriamo in una *Light Setup Scene* un cubo, una lampada di tipo *Spot* e una piccola sfera posta fra la fonte di luce e il cubo, in modo che possa proiettare ombra.

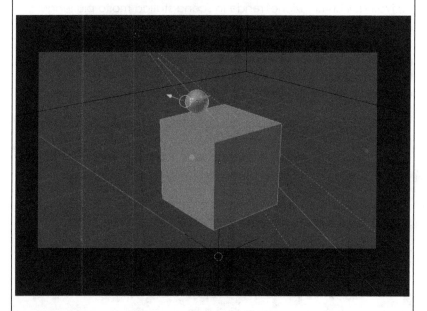

fig. 421 la scena oggetto di questo esercizio

Assegniamo i colori al cubo e alla sfera.

Il cubo sia un materiale verde molto riflettente (bilanciamento *Fac* tra *Diffuse* e *Glossy* pari a 0.9 e un *Roughness* pari a 0.2; mentre la sfera sia di un *Diffuse* rosso.

Si impongano, infine, alla luce *Spot*, una forza (*Strength*) pari a 60 *watt* e un colore magenta.

L'effetto che dovremmo visualizzare dovrebbe essere simile a questo.

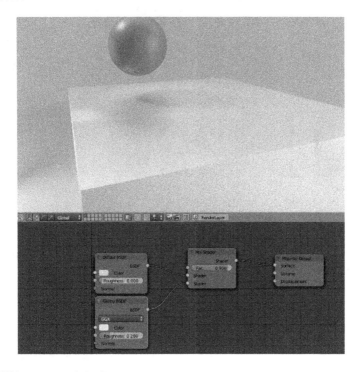

fig. 422 la scena renderizzata

Si notino la riflessione rossa e l'ombra della sfera sul cubo verde e il colpo di luce viola.

Eseguiamo l'*unwrapping* del cubo in *Edit Mode*, poi nella finestra *UV/Image Editor* clicchiamo su *New* per creare un nuovo materiale. Definiamo le dimensioni, il colore ed eventualmente il nome dal menu che si aprirà e confermiamo.

A questo punto da menu *Image* dell'*header* della *UV/Image Editor* salviamo la nuova *texture* (oppure digitiamo direttamente F3, scegliendo dal *Browser* la destinazione del file.

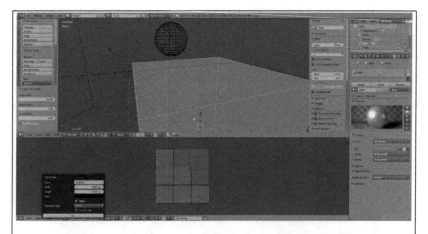

fig. 423 creazione della nuova *texture* vuota

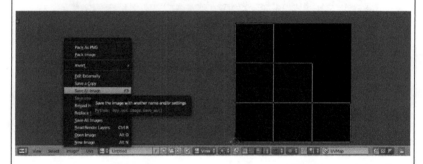

fig. 424 salvataggio della *texture*

La scelta del percorso del percorso di destinazione del *file* è determinante per il corretto funzionamento del *Bake*.

La *texture* (che sarà poi sostituita dallo strumento di *baking*, dovrà effettivamente esistere in un *file* salvato ed essere quindi richiamata ed assegnata al materiale al posto della configurazione originale di nodi.

Dopo aver salvato il *file*, apriamo nuovamente il *Node Editor*, con il materiale del cubo visibile (cubo selezionato).

350

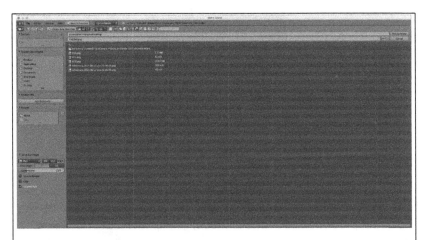

fig. 425 scelta del percorso di destinazione del *file*

Sostituiamo ai nodi originali una semplice composizione *Diffuse* su *Material Output*. Inseriamo un nodo *Image Texture* sul quale dovremo caricare il *file* appena salvato, senza collegarlo al *Diffuse*.

fig. 426 sostituzione dei nodi

Lanciamo quindi il *baking* cliccando sul pulsante *Bake* del pannello omonimo posto nel *tab Render* della finestra *Properties*, facendo attenzione che il nodo *Image Texture* su cui è stata caricata la *texture* creata sia selezionato e attivo.

fig. 427 esecuzione del *Bake*

351

fig. 428 avanzamento del processo di *baking*

Alla fine del processo (la barra di avanzamento sarà visualizzata nell'*header* della finestra *Info*), che potrebbe richiedere diversi minuti a seconda del vostro sistema *hardware*, la *texture* vuota sarà sostituita dall'immagine della scena fissata definitivamente in un *file* immagine.

La nuova *texture* sarà determinata dal colore verde di base, con la riflessione e l'ombra procurata dalla sfera rossa, l'ellisse violaceo prodotto dal cono di luce, le riflessioni dell'illuminazione globale ed eventuali ombre.

Nel caso il materiale fosse stato più complesso (*texture*, *Bump*), tutti questi componenti sarebbero stati comunque fissati sulla *texture* cotta dal *baking*.

A questo punto possiamo controllare che il *file* salvato contenga le nuove informazioni di colore e ricaricarla nel materiale, collegando il nodo *Image Texture* con il *Diffuse* e cancellando i nodi non più utilizzati.

Possiamo eliminare la luce *Spot* e la sfera rossa e lanciare nuovamente il *rendering*.

Il processo sarà molto più rapido e la mappatura del cubo mostrerà le riflessioni, le ombre e i colpi di luce prodotti dagli oggetti appena rimossi.

In scene molto complesse, il cui l'illuminazione e la posizione degli oggetti sia non mobile, sacrificare del tempo per eseguire su ogni *mesh* il *baking* potrebbe risolvere problemi di *rendering* pesanti e lunghi.

fig. 429 il rendering della scena con la *texture* prodotta dal *Bake* applicata al cubo. Si noti che la luce *Spot* e la sfera sono stati eliminati, ma le riflessioni e le ombre sono definitivamente fissate sulla *texture* del cubo

NOTA: nella creazione dei modelli 3D per i videogiochi, oltre al processo di *baking* per *texturizzare* le *mesh* in modo da evitare futuri calcoli del *raytracing* in tempo reale alla scheda grafica del supporto dell'utente, durante lo svolgimento del gioco, è indicato impostare una bassa definizione poligonale delle *mesh* stesse. Pochi poligoni rendono la scena leggera e questo contribuirà insieme all'eliminazione del *raytracing* in tempo reale alla fluidità del gioco.

3.4.5. Caustiche

Come definito da *Wikipedia*, le **caustiche** sono entità geometriche formate dalla concentrazione singolare di curve. Tali curve modellano approssimativamente il comportamento dei raggi luminosi, quando incontrano superfici particolari quali lenti, specchi ricurvi o zone di un materiale a diverse densità, che generano di conseguenza una differente risposta all'illuminazione.

353

Alcuni esempi di caustiche sono i motivi di luce al fondo delle piscine, sotto ai ponti che sovrastano corsi d'acqua, o all'interno di particolari materiali trasparenti o traslucidi, come il vetro o i diamanti.

fig. 430 effetti di luce e riflessioni determinati dalle caustiche prodotte dall'illuminazione di un diamante

Questi riflessi molto particolari, possono essere riprodotti fedelmente da *Cycles*, a discapito della velocità di calcolo.

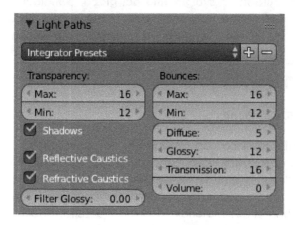

fig. 431 le spunte sulle opzioni che attivano la visualizzazione delle caustiche

Si consiglia quindi di rimuovere le spunte *Reflective Caustics* e *Refractive Caustics*, poste nel pannello *Light Path* del *tab Render*, se non strettamente necessario.

 ESERCIZIO n. 17: CREARE UN DIAMANTE

Per prima cosa attiviamo dagli *Addons* l'opzione *Extras* tra le mesh.

Tra questi oggetti ausiliari, già definiti, troviamo *Diamonds*.

Inseriamo con SHIFT + A un diamante nella *Light Setup Scene*.

A questo è stato già assegnato un semplice materiale *Glass*, ma non basta. Il diamante, infatti, per la sua purezza, è capace di scorporare i colori rosso, verde e blu (*RGB*) della luce e diffonderli separatamente.

Dobbiamo quindi aggiungere altri 3 nodi *shader Glass* nel *Node Editor* relativo al materiale del diamante, cambiando ai tre il colore di base bianco con un rosso, un verde e un blu puri a 255.

Questi 3 nuovi *shader* verranno sommati tra loro con due nodi *Add Shader*, e il *socket* di uscita del secondo *Add* dovrà essere missata (*Mix Shader*) con il nodo *Glass* originale bianco.

Per i quattro nodi *Glass* adottate l'algoritmo *Sharp* e assicuratevi che il bilanciamento *Fac* del *Mix Shader* sia impostato in modo che il bianco risulti come colore maggiormente presente. Un valore a 0.25 sarà sufficiente.

Posizionato adeguatamente il diamante nella scena e inquadrato, lanciamo il *rendering*.

I colori saranno diffusi separatamente e i riflessi (caustiche) visualizzati sullo sfondo della scena.

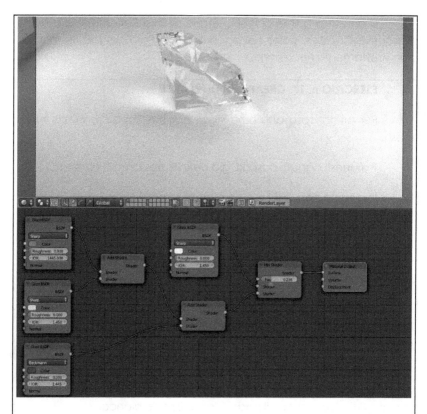

fig. 432 configurazione dei nodi che rappresentano il materiale del diamante e il rendering con le caustiche

356

3.5. Applicare i materiali alle curve 3D

In questa ultima parte del capitolo incentrato su *Cycles* e sui materiali, mostreremo come assegnare un materiale ad una curva 3D, senza che questa debba essere necessariamente trasformata in *mesh* e successivamente *scucita* con l'operazione di *unwrapping*.

 ESERCIZIO n. 18: ASSEGNARE UN MATERIALE A UNA CURVA 3D

Perché ad un qualsiasi oggetto possa essere assegnato un materiale, è necessario che questo abbia una consistenza, uno spessore, una superficie su cui mappare il materiale.

Inseriamo nella *Light Setup Scene* una *Curva di Bézier* e posizioniamola in modo da ottenere una inquadratura a noi gradita.

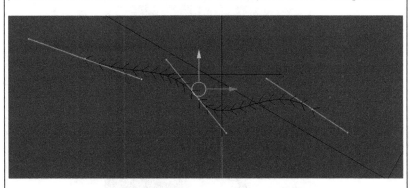

fig. 433 inserimento di una *Curve* nella *Light Setup Scene*

A questo punto possiamo dare spessore alla curva entrando nel *tab Data* relativo alla curva.

In questo *tab* assicuriamoci che nel pannello **Shape** la curva sia definita come 3D e che il menu *Fill* sia impostato su *Full* per inspessire la curva in ogni direzione.

357

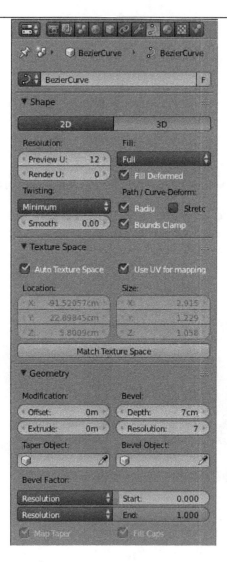

fig. 434 il *tab Data* della *Curve*

Nel pannello **Texture Space** attiviamo la spunta su *Use UV for Mapping* per consentire la mappatura di una *texture* su questo tipo di oggetto. Tale opzione equivale all'*unwrapping*.

Infine diamo spessore alla curva.

Nel pannello **Geometry** impostiamo un valore superiore a 0 nel *Bevel*. Ciò darà spessore alla curva, mentre *Resolution* smusserà la superficie.

La curva si presenterà in questo modo.

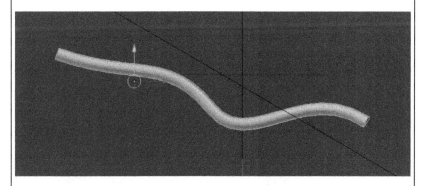

fig. 435 la curva di *Bézier* con lo spessore

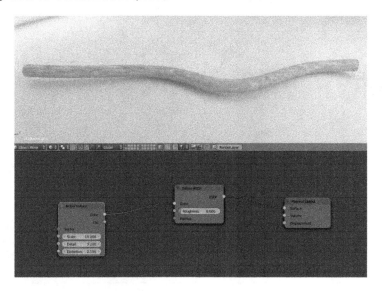

fig. 436 la *Noise texture* sulla curva

Aggiungiamo ora un materiale e apriamo il *Node Editor*.

Assegniamo al *Diffuse* una *Noise Texture*. La superficie della curva 3D si colorerà.

Naturalmente è possibile mappare adeguatamente la *texture* inserendo i consueti nodi *Texture Coordinate* e *Mapping* a monte della *texture*.

Collegando il *socket* in uscita *Fac* della *Noise Texture* con il *socket Displacement* del nodo *Material Output*, la *texture* svolgerà correttamente un lavoro di *Bump* sulla curva.

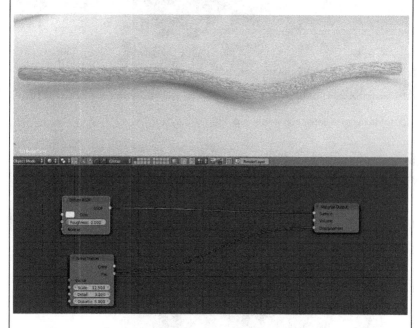

fig. 437 la *Noise texture* agisce come *Bump* sulla curva

Possiamo provare a creare una configurazione più complessa di nodi, miscelando due tonalità di marrone, bilanciate dalla *Noise texture* per simulare le venature di un legno.

360

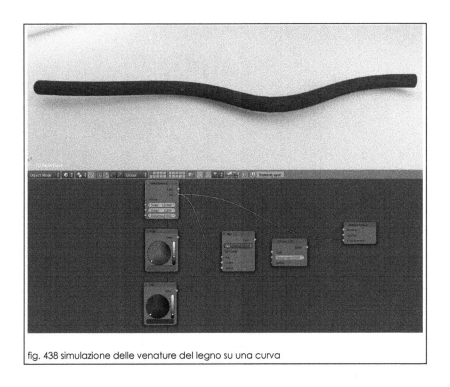

fig. 438 simulazione delle venature del legno su una curva

4

LA MODALITA'
TEXTURE PAINT

4.1. Dipingere su una mesh

Fino ad ora abbiamo visto come i materiali applicati a un oggetto possono essere composti da una serie di eventi, *shader*, effetti e ombreggiatori.

Abbiamo visto anche come la *texture*, intesa come colori di base (*Diffuse*) di un materiale possono essere importati da file esterno o derivate da calcoli procedurali di Blender.

Abbiamo visto infine come, con l'uso dei nodi, le *texture* possono essere deformate, ricolorate e corrette.

In questo capitolo vedremo come creare una *texture* disegnandola direttamente in Blender, usando il mouse o meglio ancora una tavoletta grafica.

In commercio ve ne sono di tutti i tipi e tutti i prezzi.

fig. 439 tavoletta grafica *Wacom Bamboo*

Ma, al di là del mezzo con cui si disegnerà, esistono due metodi per dipingere, realizzando direttamente la *texture* in Blender:

1) dipingendo un'immagine 2D nella *UV/Image* Editor, direttamente sulla *texture* selezionata o creata da zero (New), utilizzando la sua mappatura *UV* per trasferire i colori sulle facce della *mesh*;

2) dipingendo la *texture* direttamente sulla *mesh*, nella 3D view, e lasciare che Blender usi la mappatura *UV* attualmente selezionata.

Ovviamente nulla vieta di utilizzare un qualsiasi programma di fotoritocco esterno a Blender, come Gimp, ad esempio, tanto per rimanere in tema *open* source, per creare un'immagine.

Lo strumento e l'ambiente che Blender utilizza per dipingere una *texture* è detto *Texture Painting*.

Prima di poter dipingere su una *texture* di una *mesh* è necessario effettuare l'*unwrapping* sulla *mesh*.

In secondo luogo dobbiamo creare una nuova *texture* (come abbiamo precedentemente visto nel paragrafo in cui abbiamo spiegato il *baking*, oppure caricarne una esistente su cui agire.

Come detto è possibile dipingere direttamente sulla *mesh* oppure dipingere la *texture* nella finestra *UV/Image Editor*, in 2D.

Nel primo caso, nella 3D view, è sufficiente entrare nella modalità **Texture Paint** è sufficiente selezionare la voce nel menu *Mode* dell'*header* della 3D view.

fig. 440 modalità *Texture Paint* nella finestra 3D view

Nel secondo caso, bisogna invece, caricata o creata la *texture* su cui dipingere, attivare la modalità *Paint* tra le opzioni presenti nell'*header* della *UV/Image Editor*.

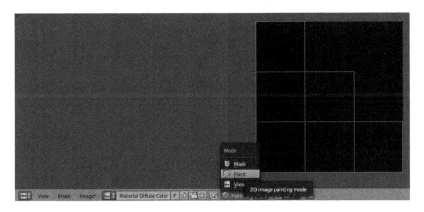

fig. 441 modalità *Paint* nella finestra *UV/Image Editor*

Una volta abilitata la modalità *Texture Paint* (o *Paint* nell'*UV/Image Editor*), il puntatore del mouse assume la forma di un cerchietto, che sta a indicare lo spessore della penna (*brush*). In questa modalità non è possibile modificare o trasformare la *mesh*.

La *Tools Shelf* della 3D view e della *UV/Image Editor* implementano *tab* e pannelli dedicati, che analizzeremo tra poco.

4.1.1. Menu della 3d view e della *UV/Image Editor*

Come sempre accade, anche con la modalità *Texture Paint*, Blender adatta i suoi menu.

I pulsanti che si trovano nella 3D view e nella *UV/Image Editor* sono pressoché invariati rispetto alla modalità *Object Mode*.

Vengono aggiunti due soli menu personalizzati per la modalità: *Brush* e *Image*.

367

Il menu **View** non aggiunge alcuna informazione rispetto all'omonimo menu in *Object Mode*.

Il menu a tendina **Brush**, comune alla 3D view e all'*UV/Image Editor*, contiene alcune opzioni che abilitano alcune impostazioni.

- il sottomenu *Image Paint Tool* attiva o disattiva gli strumenti inerenti all'immagine;

- il sottomenu *Enabled Modes* attiva o disattiva l'effetto su altre modalità della *mesh*;

fig. 444 il sottomenu *Enabled Modes*

- la spunta su *Unified Color* uniforma il colore nella pittura;

- la spunta su *Unified Strength* uniforma la forza impressa al pennello;

- la spunta su *Unified Size*, infine, uniforma le dimensioni del pennello.

Il menu **Image**, posto nell'*header* della *UV/Image Editor*, contiene i comandi relativi alla gestione dell'immagine caricata o creata.

- *Pack as PNG* inserisce la *texture* come un *file *.png* annesso al *file *.blend*;

- *Pack Image* inserisce la *texture* come un *file* immagine annesso al *file *.blend*;

- *Invert* apre un sottomenu a tendina in cui è possibile definire l'inversione del colore della *texture*, dei colori primari da cui è composta o il canale *alpha*;

- *Edit Externally* consente di editare la texture a mezzo di un programma esterno a Blender;

369

- *Save a Copy* salva una copia della *texture;*

- *Save As Image* (tasto F3) salva la *texture* corrente in un *file* immagine e lo posiziona in base al percorso definito dal *Browser;*

- *Save Image* (ALT + S) salva l'immagine corrente aggiornando il *file* salvato;

- *Reload Image* (ALT + R) ricarica l'immagine qualora questa sia stata modificata o sostituita esternamente;

- *Replace Image* sostituisce l'immagine con un'altra scelta dal *Browser;*

- *Save All Images* salva tutte le immagini create in *file* su disco;

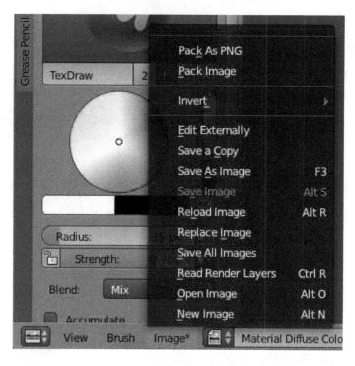

fig. 445 il menu *Image*

- *Read Render Layers* (CTRL + R) legge tutti i *Render Layers* presenti nella scena, se necessario;

- *Open Image* (ALT + O) carica un'immagine da un file esterno;

- *New Image* (ALT + N), come già visto nel paragrafo relativo al *baking*, crea una nuova *texture* partendo da un colore di fondo e dalle dimensioni.

Creando una nuova immagine si aprirà una finestra i cui definire nome, dimensioni, profondità in *bit* e canale *alpha* della nuova immagine vuota.

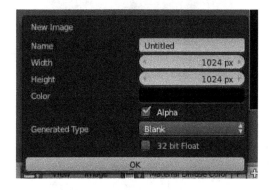

fig. 446 il pannello *New Image*

4.1.2. La *Tools Shelf* in ambiente *Texture Paint*

La *Tools Shelf* si attiva con il tasto T e contiene alcuni *tab* e alcuni pannelli strettamente dedicati al *texture painting*.

A) *TAB TOOLS*

All'interno del *tab* **Tools** si trovano i pannelli direttamente legati alla funzione di disegno e pittura.

Il pannello **Brush** contiene gli strumenti per dipingere.

Una volta caricata una texture o creata una da zero, questo pannello attiva le opzioni di scelta del pennello (o penna).

fig. 447 i pannelli della *Tools Shelf* in ambiente *Texture Paint*

Cliccando nell'area in alto è possibile scegliere il tipo di pennello fra quelli disponibili nella lista.

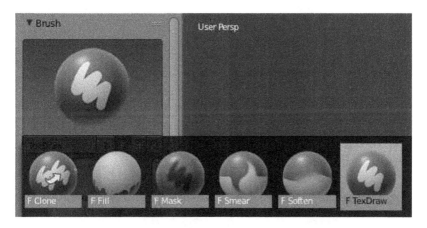

Al di sotto è possibile, nominare il *brush*, duplicarlo o eliminarlo.

La tavolozza permette di definire il colore del *brush*, lo spessore (*Radius*), e la forza impressa nel disegno (*Strength*).

Il menu *Blending Mode* consente di definire in che modo la "vernice" virtuale verrà applicata sulla superficie sottostante.

I metodi principali sono:

- Mix: il colore del pennello è mescolato con i colori esistenti;

- *Add*: il colore del pennello viene aggiunto al colore esistente, dando come risultato la somma dei due colori;

- *Subtract*: il colore del pennello viene sottratto da quello esistente;

- *Multiply*: il valore *RGB* della base viene moltiplicato per il colore del pennello;

373

- *Lighten*: il valore *RGB* del colore di base viene incrementato del colore del pennello;

- Darken: attenua i colori;

- *Erase Alpha*: rende l'immagine trasparente al passaggio del pennello, facendo in modo di vedere attraverso i colori di fondo e le eventuali *texture* di livello inferiore;

- *Add Alpha*: rende l'immagine più opaca al passaggio del pennello.

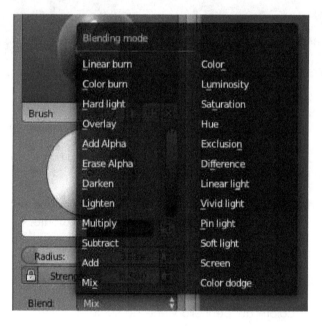

fig. 449 *Blending Mode*

La spunta su *Accumulate* permette di sovrapporre i colori uno dopo l'altro.

La spunta su *Alpha*, se disabilitata, blocca e mantiene le trasparenze durante la pittura.

La spunta su *Use Gradient* attiva una *Color Ramp* che definisce una tecnica di pittura sfumata, definita dal menu *Mode*.

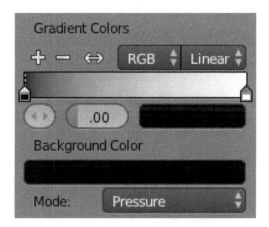

fig. 450 *Gradient Colors*

Il pannello **Texture** permette di utilizzare una *texture* caricata dall'apposito *Browser* da poter essere utilizzata come pennello.

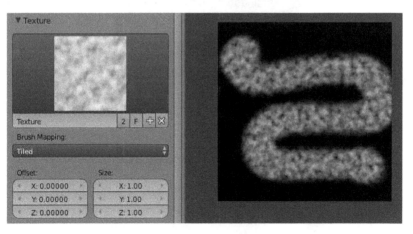

fig. 451 una *texture* usata come *brush*

375

Tale *texture*, nel pannello, può essere regolarmente mappata sul *brush* in modo da poter essere ruotata (*Angle*), traslata (*Offset*) o scalata (*Size*).

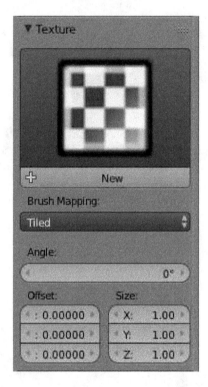

fig. 452 il pannello *Texture*

Il menu *Brush mapping* imposta il metodo con cui la texture viene applicata al pennello.

- *View Plane*: nella pittura 2D, la *texture* si muove con il pennello;

- *Tiles*: la *texture* è compensato dalla posizione pennello;

- *3D*: stessa modalità di *Tiles*;

- *Stencil*: la *texture* viene applicata solo in confini dello *stencil*;

376

- *Random*: applica la *texture* in modo casuale.

Alcune tra queste modalità aggiungono alcuni parametri relativi ad *Angle*:

- *User*: consente di inserire direttamente il valore dell'angolo;

- *Rate*: *Angle* segue la direzione del tratto del pennello. Non disponibile con *texture* 3D;

- *Random*: *Angle* è randomizzato.

fig. 453 il pannello *Texture Mask*

377

Il pannello **Texture Mask** offre le stesse impostazioni del precedente, ma la sua funzione è di far sì che una *texture* caricata nel *Browser* del pannello funzioni come una maschera.

Viene aggiunto un menu che determina la modalità con cui la maschera agisce secondo la pressione del pennello (*Off, Cutoff, Ramp*).

Il pannello **Stroke** definisce i parametri relativi al tratto.

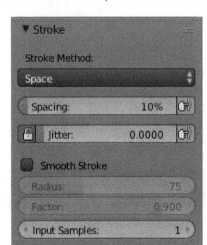

fig. 454 il pannello *Stroke*

Il menu *Stroke Method* permette di impostare il modo in cui viene applicato l'effetto. È possibile scegliere tra:

- *Airbrush* (areografo), che determina un flusso continuo del pennello, finché il LMB viene mantenuto premuto, generato dall'impostazione *Rate*. Se disabilitata, il pennello modifica soltanto il colore quando il pennello cambia la sua posizione;

- *Space*, che crea un tratto composto da una serie di punti, la cui spaziatura è determinata dall'impostazione *Spacing*;

378

- *Dots*, che applica la *"vernice"* per ogni movimento del mouse;

- *Jitter*, che modifica a posizione del pennello durante la pittura;

- *Smooth Stroke*, che genera una pennellata (un tratto) con un determinato ritardo rispetto al passaggio del mouse e segue un percorso agevole. Quando è abilitata, si attivano:

    - *Ray*, che imposta la distanza minima dall'ultimo punto prima del tratto continuo;

    - *Factor*, che imposta la quantità di levigatura;

    - *Input* Samples, che definisce quanti campioni in media agiscono sulla levigatura del tratto;

    - Wrap, che avvolge la vernice verso l'altro lato dell'immagine, come se il pennello fuoriuscisse dall'altro lato della tela. Risulta molto utile per creare *texture* uniformi.

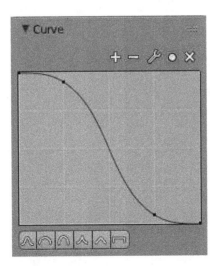

fig. 455 il pannello *Curve*

379

Il pannello **Curve** consente di controllare il decadimento della "vernice" prodotta dal pennello. La modifica della forma della curva renderà il pennello più morbido o più duro.

Il pannello **External** utilizza l'immagine per uso esterno.

- *Quick Edit*, ad esempio, esegue uno *screenshot* della vista corrente in un visualizzatore di immagini esterno.

- Apply proietta l'immagine editata sull'oggetto.

- I due contatori determinano le dimensioni in *pixel* dell'immagine esterna.

- *Apply Camera image* proietta l'immagine renderizzata dalla camera sull'oggetto.

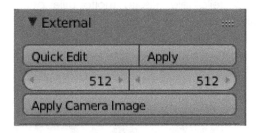

fig. 456 il pannello *External*

Il pannello **Symmetry** consente di definire eventuali assi di simmetria, rispetto all'oggetto selezionato, per la quale le pennellate verranno ripetute specchiate simmetricamente sulla *mesh*.

Questa funzione è utile quanto si crea una *texture* speculare rispetto alla *mesh*, in modo da non dover ripetere la pittura due volte.

È possibile impostare *x, y* e/o *z* come assi di simmetria.

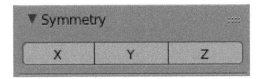

fig. 457 il pannello *Symmetry*

B) *TAB SLOTS*

fig. 458 il *tab Slots*

In questo *tab* sono contenute tutte le *texture dipinte*, poste in appositi *slot*.

Nel pannello **Slots** sono visualizzate le *slot*, che possono essere rinominate con un doppio click e viene impostata la modalità di proiezione sulla *mesh* della pittura nel menu *Painting Mode*, in cui è possibile scegliere se la le *texture* devono essere ricercate nel materiale (*Material*) o se l'immagine selezionata va impostata come *texture* (*Image*).

Il pulsante *Save All Images* consente di salvare su disco tutte le immagini dipinte.

Il pannello **Mask**, se attivato, permette di scegliere lo *Stencil Image* fra quelli utilizzati in memoria, oppure se crearne uno nuovo (*New*).

C) *TAB OPTIONS*

Nel pannello **Overlay** è possibile personalizzare e bilanciare la visualizzazione delle curve e la consistenza del tratto applicato al pennello, secondo i valori percentuali relativi a *Curve*, *Texture* e *Mask Texture*.

Nel pannello **Appearance** è possibile personalizzare il colore del contorno del pennello (*Show Brush*), così come specificare un'icona personalizzata.

Nel pannello **Project Paint** sono definite alcune opzioni secondarie, relative alla metodologia di proiezione del tratto in funzione della geometria della *mesh* e le opzioni sulla grana del tratto (*Dither*).

fig. 459 il *tab Options*

Il pannello *Image Paint*, attivo solo nella *UV/Image Editor*, contiene informazioni analoghe a quelle contenute nel pannello precedente.

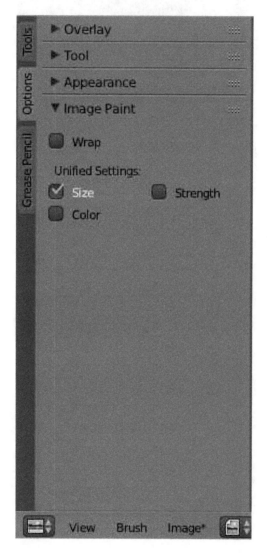

fig. 460 il *pannello* Image Paint *(solo nel tab* Options della *UV/Image Editor*

384

ESERCIZIO N. 19: COLORARE UNA TEXTURE DIRETTAMENTE SULLA MESH

Dopo aver passato in rassegna tutti i comandi, le opzioni e gli strumenti inerenti al *Texture Painting*, possiamo sviluppare una esercitazione utile per mettere in pratica quanto appreso.

Realizzeremo una tazzina da caffè che dipingeremo a mano.

Per prima cosa recuperiamo la *mesh* della tazzina dell'esercizio precedente.

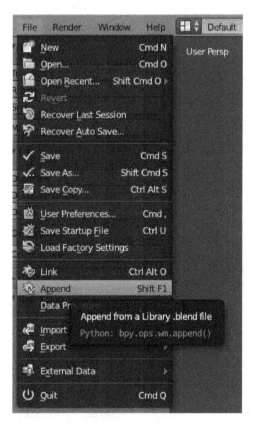

fig. 461 il menu *File - Append*

4.3.1. *Append*

 Per inserirla nel progetto corrente, introduciamo un semplice e nuovo comando: **Append**.

Questo comando consente di inserire un oggetto e tutti i suoi materiali contenuto in un *file* esterno in una scena corrente.

Nel menu *File* dell'*header* della finestra *Info*, scegliamo l'opzione *Append* (o digitiamo direttamente SHIFT + F1).

Si aprirà un *Browser* in cui dovremo scegliere che cosa copiare nella scena. Nel nostro caso scegliamo *Object* e quindi la *mesh* relativa alla tazzina. Confermiamo la scelta. La tazzina sarà ora inserita nella scena.

fig. 462 scelta dell'oggetto da allegare

A questo punto inseriamo un piano e scaliamolo, quindi una *Lamp* di tipo *Spot* per illuminare la tazzina.

386

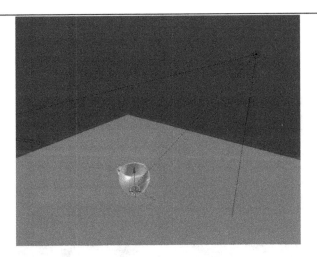

fig. 463 la scena

Selezioniamo la tazzina, entriamo in *Edito Mode*, selezioniamo tutti i vertici con A ed eseguiamo l'*unwrapping* digitando U.

Organizziamo le finestre di Blender in modo da avere la 3D view, il *Node Editor* e la *UV/Image Editor* sulla quale verrà visualizzata la *mesh scucita* e adagiata su un piano.

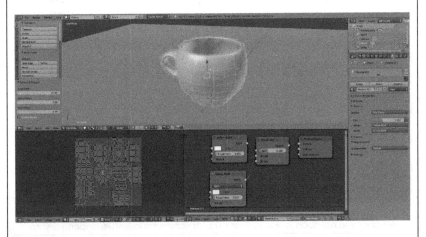

fig. 464 il progetto visualizzato nel complesso

Aggiungiamo ora una *texture* vuota nella *UV/Image Editor*, cliccando su *New* e impostando il nome, ad esempio "*decorazioni tazzina*", il colore bianco e la risoluzione: 3000 x 3000 *pixel* per avere un tratto nitido e definito. Confermiamo con OK.

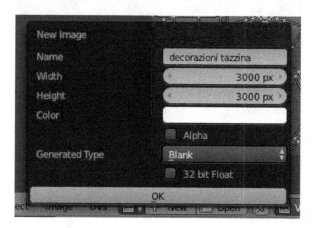

fig. 465 aggiunta di una nuova *texture* vuota

Nel *Node Editor* inseriamo un nodo *Image Texture* da collegare al *Diffuse*. In tale nodo, carichiamo la *texture* appena creata, scegliendola dal menu a discesa generato dall'icona accanto al pulsante *Open*.

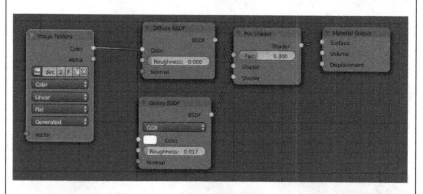

fig. 466 aggiunta del nodo *Image Texture* su cui caricheremo la *texture* appena creata

Aggiungiamo un pannello *Emission* dall'alto.

Quindi selezioniamo la tazzina ed entriamo in *Texture Paint*.

fig. 467 *texture Paint Mode*

Selezioniamo il *Brush* e impostiamo il raggio (*Radius*) del pennello a 5 *pixel* e la forza (*Strength*) a 0.5 per ottenere una pittura non netta, simile ad un acquerello. Selezioniamo il colore grigio e iniziamo a pitturare sulla *mesh*.

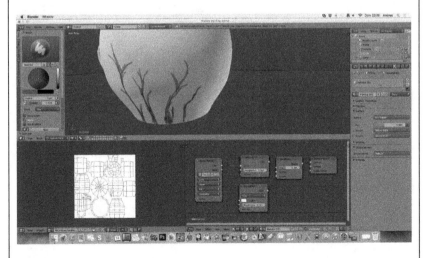

fig. 468 pittura sulla *mesh*

Nota: Si consideri che le dimensioni del pennello rimangono costanti, quindi il tratto sarà funzione della vicinanza con la *mesh* e lo zoom.

Per sovrapposizioni e passaggi sovrapposti, se impostato *Mix* o *Add*, il colore andrà a moltiplicarsi o sommarsi con lo sfondo, apparendo più scuro.

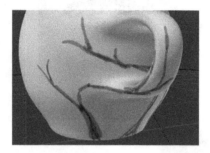

fig. 469 ruotando la *mesh* possiamo dipingere in ogni parte della superficie

Si noti come in tempo reale la *texture* nella *UV/Image Editor* si aggiorna con quanto disegnato nella scena 3D.

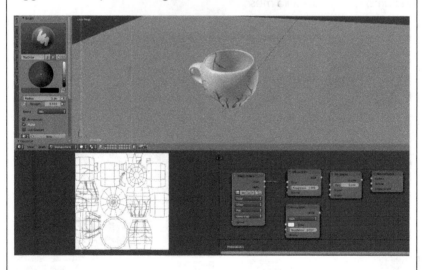

fig. 470 al termine dell'operazione la *texture* si sarà aggiornata

Al termine del lavoro, possiamo impostare l'inquadratura e lanciare il *rendering*. Ricordiamoci di salvare la *texture* con F3.

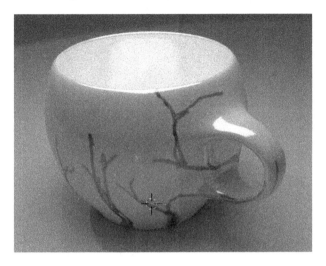

fig. 471 *rendering* della tazzina dipinta a mano

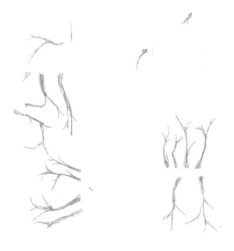

fig. 472 la *texture* salvata

5

L'INQUADRATURA

5.1. La Camera

Al termine dei processi di modellazione, mappatura e illuminazione della scena, l'ultima fase da eseguire prima della renderizzazione è l'inquadratura.

Lo strumento necessario per eseguire l'inquadratura è la camera. Questa può essere fissa (fotocamera) o per il movimento (videocamera).

Prima di tutto è bene ricordare che Blender, all'interno della stessa scena è in grado di inserire più camere, anche se solo quella attiva è deputata all'inquadratura.

Gli assi locali dell'inquadratura sono, per convenzioni definiti come x in orizzontale, y in verticale e z in direzione normale al dessa in cui il verso positivo è quello definito dal vettore che si allontana dall'osservatore.

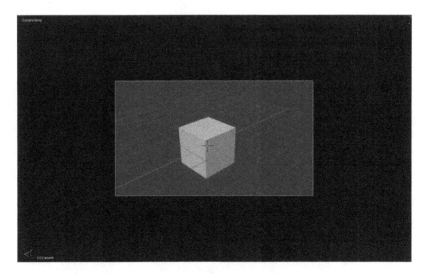

fig. 473 inquadratura della scena della camera attiva (x, y)

395

Ricordiamo che la *shortcut* per passare dalla vista 3D all'inquadratura della scena della camera attiva è 0 NUM, oppure nel menu *View* della 3D view, l'opzione *Cameras - Active Camera.*

Un altro metodo per visualizzare quale sia la camera attiva è osservare l'icona posta a destra della camera nell'*Outliner*. A differenza delle camere non attive, questa è cerchiata in grigio chiaro.

fig. 474 la camera attiva rappresentata nell'*Outliner*

All'interno di una scena in cui sono inserite più camere, quella attiva non è necessariamente quella selezionata e colorata in arancio chiaro.

Nella 3D view, nel menu Select all'interno dell'*header*, l'opzione *Select Camera* mostra immediatamente quale sia quella attiva.

fig. 474 selezione della camera attiva

Viceversa, per rendere attiva una camera selezionata, è sufficiente entrare nel menu *View* e selezionare la voce *Set Active Object As Camera* dal sottomenu *Cameras*, oppure digitando la *shortcut* CTRL + 0 NUM.

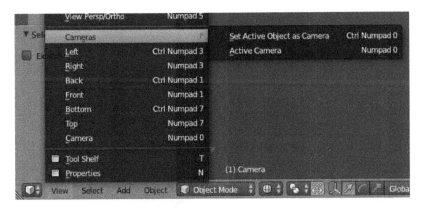

fig. 474 impostare come attiva la camera selezionata

L'inquadratura quindi si riferisce sempre alla camera attiva e non alla camera selezionata.

Ciò nonostante è sempre sconsigliabile, a meno di scene molto semplici, inserire all'interno di una scena più camere.

Questo perché non è detto che la stessa illuminazione nella scena sia adatta a tutte le inquadrature.

Ad esempio una inquadratura di un dettaglio potrebbe non metterlo adeguatamente in risalto e rappresentarlo in ombra, o eccessivamente piatto, non a fuoco, poco riflettente, se con la stessa illuminazione della stessa scena inquadrata in totale.

Spesso l'uso di illuminazioni ausiliarie *ad hoc*, come pannelli emettenti, oggetti invisibili alla camera in prossimità del dettaglio, fonti di luce ausiliarie trasformano completamente la resa.

Viene da sé che ogni inquadratura, di solito, ha la sua propria configurazione di illuminazione e che questa non può essere valida per tutte le inquadrature.

Come fare allora?

Un metodo è quello di utilizzare i *layer*.

Inserendo in *layer* distinti camera e luci dedicati ad ogni inquadratura potrebbe essere un metodo rapido quando la scena è semplice. Blender non dispone di troppi *layer* e sprecarli per le inquadrature non è particolarmente indicato.

Il metodo concettualmente più corretto, invece, è quello di usare le **Scene**.

5.1.1. Le scene

Nelle scene si raccolgono tutti gli elementi di uno stesso progetto che devono essere rappresentati da una specifica inquadratura. Possono essere addirittura eliminati oggetti o parti di essi non inquadrati, in modo da alleggerire la scena stessa, il *file* e il processo di *rendering*.

Nell'*header* della finestra *Info*, il menu *Scene* serve proprio a gestire le scene di un progetto.

fig. 477 il menu *Scene* della finestra *Info*

Queste possono essere selezionate dal menu a discesa cliccando sull'icona, create (cliccando sul pulsante +) o eliminate (cliccando sul pulsante X).

Quando si crea una nuova scena (pulsante +), appare un menu dedicato (New Scene) dal quale è possibile scegliere i parametri di creazione.

fig. 478 il menu New Scene

Le opzioni sono:

-New (crea una nuova scena vuota);

-Copy Settings (crea una nuova scena importando le sole impostazioni della scena corrente);

-Link Objects (crea una nuova scena in cui gli oggetti inseriti siano direttamente connessi con quelli nella scena corrente e ne subiscono l'influenza in ogni modifica o trasformazione);

-Link Object Data (crea una nuova scena in cui oggetti inseriti siano gli stessi con le medesime caratteristiche di quelli presenti nella scena corrente, ma ad essi slegati da ogni vincolo e connessione);

-Full Copy (crea una copia esatta della scena corrente).

399

La scelta va ovviamente fatta in base alle necessità del momento.

Nella nuova scena la camera attiva potrà essere riposizionata, aggiunta l'eventuale illuminazione ausiliaria, regolata la luce globale e rimossi gli oggetti fuori dall'inquadratura.

Si consiglia di mantenere una scena complessiva di riferimento in cui siano presenti tutti gli oggetti principali della scena.

Ricordiamo che le impostazioni della scena sono riassunte nel *tab Scene* della finestra *Properties*, già analizzato nel volume 1.

fig. 479 il *tab Scene* della finestra *Properties*

5.1.2. Il pannello *View* della *Properties Bar* della 3D view

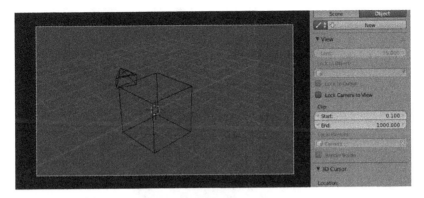

fig. 480 il pannello View

Ricordiamo che nel pannello **View** è possibile eseguire alcune funzioni riferite alla vista corrente, anche nel caso specifico dell'inquadratura.

Nello specifico ricordiamo che *Lens* definisce la lente della vista, ma non della camera, *Clip* definisce i limiti di visualizzazione, *Lock Camera to View* permette di navigare all'interno dell'inquadratura e *Render Border* consente di definire un'area, selezionata con un riquadro, entro la quale sarà visibile la pre renderizzazione (SHIFT +Z).

5.2. Tab Data

Il *tab* **Data** della finestra *Properties* riassume tutte le informazioni e i parametri relativi alla camera.

fig. 481 il *tab Data*

Ripetiamo quanto già spiegato nel capitolo 3 del primo volume.

Nel *tab*, dall'alto verso il basso troviamo diversi pannelli.

L'icona *Camera* consente la scelta della camera corrente;

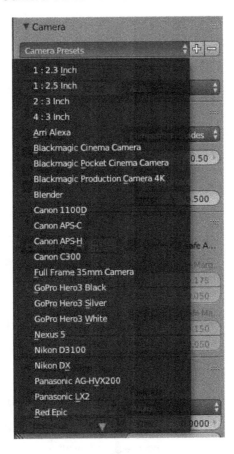

fig. 482 *Camera Presets*

Il pannello **Lens** contiene i parametri e le informazioni sul tipo di lente, scegliendo fra tre principali visualizzazioni:

- *Perpective* (prospettiva);

- *Orthographic* (assonometria);

- *Panoramic* (panoramica, con la scelta tra *Fisheye* e *Equirectangular*).

- *Focal Lenght*, espressa in millimetri definisce la lunghezza focale della camera;

- *Shift* permette di traslare in senso orizzontale (x) o verticale (y) una inquadratura senza deformazione dell'immagine e senza spostamento dei punti di fuga;

- *Clipping* ha la stessa funzione dell'omonima funzione della 3D view;

Il *pannello* **Camera** imposta le caratteristiche fisiche della camera:

- Il menu *Camera Preset* permette di scegliere una camera predefinita nelle impostazioni in base a modelli commerciali in uso;

- *Sensor* definisce le dimensioni in millimetri del sensore della camera;

Display definisce che cosa visualizzare e renderizzare:

- *Limits* (limiti); *Mist* (nebbia e foschia se attivata); *Sensor* (i dati sul sensore), *Name* (il nome della camera);

- *Composition Guide* è un menu a tendina che permette di visualizzare (ma non rende rizzare) alcune linee guida, utilissime e utilizzate in fotografia per una corretta inquadratura;

404

- Le dimensioni delle linee;

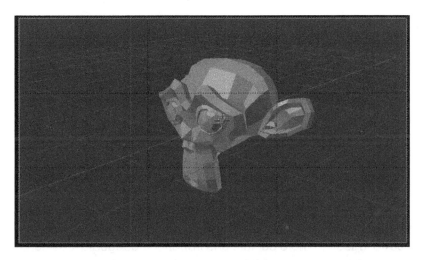

fig. 483 le linee guida (nell'immagine: il metodo del terzo medio)

- *Passpartout* e il suo valore *Alpha* in percentuale, scuriscono l'esterno dell'inquadratura rendendola maggiormente visibile.

Il pannello **Depht of Field** contiene tutti dati sulla messa a fuoco della camera e l'apertura dell'obiettivo:

- *Focus* permette di inserire come *target* di messa a fuoco un oggetto, scelta dalla lista dei presenti nella scena nel menu a tendina (ad esempio un oggetto *Empty*);

- *Distance*, la distanza di messa a fuoco;

- *Aperture Type*, espressa a scelta con la distanza *radius* (in metri) o in valore *F-Stop* (esempio 5,6);

- Il valore di apertura;

- *Blades* indica il numero di lamelle dell'obiettivo;

405

- *Rotation* il numero di gradi di rotazione delle lamelle;

- *Ratio*, la distorsione che simuli l'effetto anamorfico delle lamelle (con parametro da 1 a 2);

Il pannello **Safe Area** definisce l'area sicura di ripresa, al di là della quale, l'immagine o il video verrà visualizzato in ogni caso anche se il formato di supporto fosse differente. Ad esempio 14:9 in luogo dei 16:9.

Il discorso sulla camera e sull'inquadratura potrebbe essere sviluppato infinitamente più a lungo, tuttavia riteniamo che non sia questa la sede migliore per fare una trattazione adeguata, così come non lo è per le tecniche di fotografia e di illuminazione.

Non tratteremo, quindi, in questo libro, argomenti riguardanti tecniche di ripresa, campi e di tutti i concetti legati a questo vasto settore.

Si rimanda pertanto a trattazioni dedicate alla fotografia.

5.3. Stereoscopia

Dalla versione 2.75 di Blender, è stata introdotta una nuova funzionalità: la stereoscopia, ossia la visuale stereoscopica delle immagini renderizzate.

L'effetto stereoscopico si ottiene, simulando la visione binoculare nella realtà, sul concetto di ripresa combinata di due telecamere contemporanee distanziate tra loro di una distanza minima di circa 8 cm (quella tra le pupille).

L'effetto consiste nell'ottenere un'immagine doppia, lievemente sfalsata dell'immagine, filtrata dal colore rosso (a sinistra) e dal colore azzurro (a destra). L'uso di speciali occhiali permette al cervello di ricostruire la prospettiva tridimensionale in un profondo effetto 3D.

fig. 484 stereoscopia

Per attivare questa opzione di visualizzazione, nel *tab Render Layer* della finestra *Properties*, è necessario attivare il pannello **Views**, scegliendo l'opzione *Stereo 3D* (per ottenere una visione stereoscopica automatica) o *Multi-View* (per regolare manualmente le due camere virtuali accoppiate direttamente dal pannello **Stereoscopy** del *tab Camera* della finestra *Properties*.

Le due camere verranno automaticamente rinominate con il suffisso _L e _R (per *left*, sinistra; e *right*, destra).

Dal pannello *Windows* della finestra Info, inoltre, è possibile definire il tipo di supporto *display* 3D, tra quelli di fascia alta ai semplici occhiali rosso-ciano.

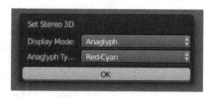

fig. 485 il pannello *Set Stereo 3D*

Le modalità *Display* disponibili sono:

- *Anaglyph*: *render* due immagini colorate diversamente filtrate per ciascun occhio. Sono necessari occhiali anaglifi. Si possono scegliere le seguenti combinazioni di colori: rosso-ciano, verde-magenta e occhiali giallo-blu;

- *Interlace*: *render* due immagini per ciascun occhio in un'unica immagine interlacciata. È necessario una monitor *3D-ready*.

- *Time Sequential*: render a occhi alternati. Questo metodo è noto anche come *Flip* Page. Ciò richiede una scheda grafica che supporti il *Quad Buffer* e funziona solo a schermo intero;

- *Side By Side*: *render* delle immagini in modalità *side-by-side* (occhio destro e sinistro). Sono necessari gli occhiali *Cross-Eye* e la visualizzazione a schermo intero;

- *Top-Bottom*: *render* di due immagini per l'occhio destro e per il sinistro, disposte una sovrapposta all'altra. Funziona solo a schermo intero.

Nel pannello **Stereoscopy**, è possibile definire la tipologia accoppiamento delle di camere, scegliendo tra 3 opzioni definite dallo *switch* in alto.

408

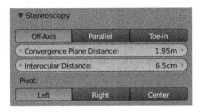

fig. 486 il pannello *Stereoscopy* del *tab Camera* della finestra *Properties*

Off-Axis converge la vista delle camere su un piano, con camere separate dalla distanza binoculare, più simile alla visione umana; *Parallel* forza la visualizzazione parallela (non convergenti) delle 2 camere; *Toe-In* ruota le camere in vece di spostarle tra loro (metodo meno comune).

Interocular Distance imposta la distanza tra la coppia di telecamere.

Convergence Plane Distance impone che il punto converga per le telecamere. Questo valore coincide spesso con la distanza tra un proiettore e lo schermo di proiezione.

La coppia stereo può essere costruita intorno alla telecamera attiva con una nuova macchina fotografica per ogni occhio (*pivot* centrale) o utilizzando la fotocamera esistente e la creazione (sinistra o destra).

Nella *Properties Bar* della 3D view si attiva il pannello **Stereoscopy** attraverso il quale è possibile visualizzare la telecamera sinistra (*Left*), quella sinistra (*Right*) o entrambe (*3D*); il piano di proiezione dell'immagine stereoscopica (*Plane*), e il raggio di azione delle due camere (*Volume*), regolandone la trasparenza (*Alpha*).

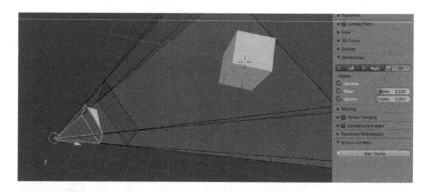

fig. 487 *Properties Bar* della 3D view

fig. 488 *render* di una scena stereoscopica

410

6

PARENTELE
E VINCOLI

6.1. Imparentare oggetti

Lavorare in maniera ordinata è, come abbiamo sempre detto, il miglior punto di partenza.

Abbiamo visto come modellare in maniera pulita, come raggruppare oggetti della stessa natura o in qualche modo legati in *layer*, come rinominarli in modo da riconoscerli immediatamente, come usare *layer* e *Scene*.

Analizziamo ora un nuovo aspetto, assai utile e dalle svariate applicazioni: la parentela tra gli oggetti.

Questa tecnica consente, ad esempio, di vincolare uno o più oggetti ad un altro, o collegare i componenti di un oggetto ad un elemento esterno che funga da genitore.

Nell'animazione, come si vedrà nelle trattazioni future, imparentare tra loro gli oggetti sarà indispensabile per una gestione semplice e funzionale.

Analogamente, nel *rigging*, l'armatura di una *mesh* potrà essere imparentata ad un oggetto esterno, o un lattice, al fine di gestire le deformazioni.

Le parentele sono, altresì, utilizzate nell'associare un percorso specifico ad uno o più oggetti.

Blender supporta la parentela tra oggetti, armature (*bones*), *Curve Deform*, *Path Constraint* (percorsi), *Lattice Deform*, vertici.

Prima di entrare nel merito delle parentele, analizziamo il *tab Constraints*, contenuto nella finestra *Properties*, che racchiude tutte le tipologie di vincoli che possano regolare il comportamento degli oggetti.

413

6.2. Tab Constraints

Il *tab* **Constraints**, all'interno della finestra *Properties*, raccoglie tutti gli strumenti che vincolano, o concatenano, tra loro oggetti, secondo determinati canoni e funzioni specifiche.

Anche se i *constraints* possono risultare assai utili nelle scene statiche, ad esempio contribuendo ad un più posizionamento, rotazione e scalatura di oggetti, sono stati progettati principalmente per l'animazione, in quanto consentono di limitare e controllare i gradi di libertà di un oggetto, sia in assoluto (cioè nello spazio globale), sia relativamente ad altri oggetti.

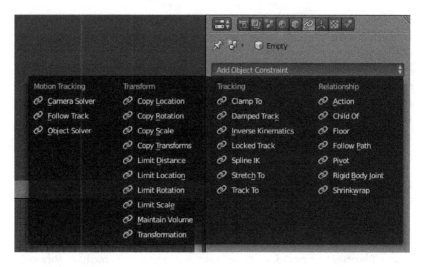

fig. 489 *Tab Constraints*

Selezionando un oggetto nella scena, è possibile associare ad esso un collegamento cliccando sul menu *Add Object Constraints*.

Si aprirà una finestra suddivisa in 4 sezioni che classifica i vincoli per generi: *Motion Tracking* (relativo all'omonimo sistema di

414

tracciamento), *Transform* (che associa all'oggetto un legame di trasformazione e dati dimensionali di un altro oggetto), *Tracking* (che contiene le opzioni di tracciamento di un oggetto rispetto ad un altro); *Relationship* (che lega un oggetto al comportamento di un altro o di un'azione legata alla fisica).

In questo capitolo vedremo esclusivamente le funzioni contenute nelle sezioni *Transform* e *Relationship*.

6.2.1. TRANSFORM

Questi vincoli controllano direttamente o limitare le proprietà di trasformazione dell'oggetto selezionato vincolato ad un altro, in termini assoluti o relativamente alle proprietà dell'oggetto *target*.

Copy Location impone all'oggetto a vincolare la sua posizione rispetto a quella di un altro oggetto.

fig. 490 il pannello *Copy Location*

- *Target* definisce l'oggetto la cui posizione dovrà essere di riferimento a quello selezionato.

- *X*, *Y* e *Z* vincolano la posizione esclusivamente rispetto agli assi spuntati.

415

- *Invert* consente di invertire le coordinate di cui alle spunte precedenti.

- *Offset*, se abilitato, consente sommare la distanza tra l'oggetto selezionato e il *target* alla posizione definitiva.

- I due menu *Space* consentono di specificare se la posizione dell'oggetto *target* debba essere relativa al sistema di coordinate locali (*Local*) o globali della scena (*World*).

- *Influence* determina quanto il vincolo debba agire sull'oggetto selezionato. Assegnando il valore 0, il vincolo non avrà alcun effetto sull'oggetto selezionato. Impostando invece 1 l'oggetto selezionato si sovrapporrà a quello *target*.

Copy Rotation impone all'oggetto a vincolare la sua scalatura rispetto a quella di un altro oggetto. Il funzionamento è analogo a *Copy Location*.

Copy Scale impone all'oggetto a vincolare la sua posizione rispetto a quella di un altro oggetto. Il funzionamento è analogo a *Copy Location* e a *Copy Rotation*.

Copy Transforms vincola ogni trasformazione sull'oggetto *target* all'oggetto selezionato.

Limit Distance impone una distanza costante fra l'oggetto selezionato vincolato e l'oggetto *target*. Quando applicato questo vincolo, tra i due oggetti viene tracciata una linea tratteggiata blu che indica la presenza di tale vincolo.

fig. 491 il pannello *Limit Distance*

- *Target* definisce l'oggetto su cui vincolare quello selezionato.

- *Vertex Group* permette di definire il vincolo solo rispetto ad alcuni vertici del *target*.

- *Distance* definisce la distanza massima fra i due oggetti.

- *Reset Distance* azzera le trasformazioni tra i due oggetti e ritorna alla distanza originale.

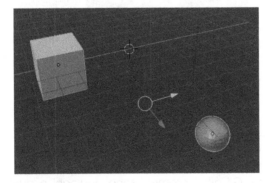

fig. 492 due oggetti vincolati

- *Clamp Region* imposta come distanza una delle opzioni *Inside* (oggetto vincolato all'interno della sfera virtuale che contiene

417

l'oggetto *target*), *Outside* (oggetto vincolato all'esterno della sfera virtuale che contiene l'oggetto *target*), o *On Surface* (oggetto vincolato sulla superficie della sfera virtuale che contiene l'oggetto *target*).

- La spunta su *For Transform* indica che anche le trasformazioni sul *target* interessano il vicolo.

- *Space* e *Influence* hanno la stessa funzione dei vincoli precedenti.

Limit Location fa in modo che oggetti non vincolati possano essere spostati nella scena lungo la X, Y e Z. Questo vincolo limita la quantità di spostamenti consentiti lungo ogni asse, attraverso limiti inferiore e superiore. I limiti per un oggetto vengono calcolati dal suo centro, ed i limiti di un osso, come vedremo più avanti, dalla sua radice.

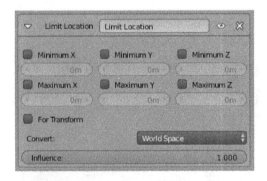

fig. 493 il pannello *Limit Location*

Minimum e *Maximum* riferiti ai tre assi *X*, *Y* e *Z* definiscono i limiti della posizione. Gli altri parametri sono analoghi a quelli dei vincoli precedenti.

Limit Rotation e **Limit Scale** sono due vincoli che funzionano nello stesso modo rispetto al precedente e definiscono rispettivamente i limiti minimi e massimi di trasformazione dell'oggetto rispetto alla rotazione e alla scala.

Questi limiti sono assai utili per le ossature e limitano alcuni movimenti. Si pensi ad esempio alla rotazione di un arto che non può superare certi limiti.

Maintain Volume limita il volume di una *mesh* o di un osso a un determinato rapporto con il suo volume originale.

Questo rapporto è in funzione dei tre assi *X, Y* e *Z*, mentre il contatore *Volume* definisce il volume dell'oggetto a *riposo*.

Convert e *Influence* parametrizzano le coordinate e l'influenza del vincolo, al pari di altri vincoli.

fig. 494 il pannello *Maintain Volume*

Transformation è un tipo di vincolo più complesso e versatile rispetto agli altri vincoli relativi alla trasformazione. Esso consente di associare un tipo di proprietà di trasformazione (ad esempio la posizione, la rotazione o la scala) del *target*, allo stesso o un altro tipo di proprietà di trasformazione dell'oggetto selezionato, in un determinato intervallo di valori (che potrebbe essere diverso per ogni *target* e proprietà dell'oggetto selezionato). È inoltre possibile passare tra gli assi, e utilizzare i valori del campo non come limiti, ma piuttosto come "*marcatori*" per definire una mappatura tra ingresso (*target*) e valori di *output* (oggetto).

Ad esempio, è possibile utilizzare la posizione del target lungo l'asse X per controllare la rotazione dell'oggetto attorno all'asse Z.

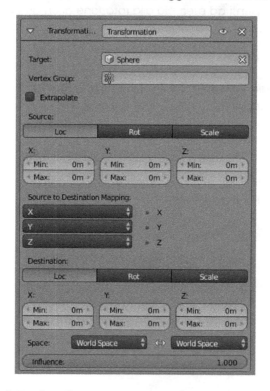

fig. 495 il pannello *Transformation*

- *Target* e *Vertex Group* impostano l'oggetto *target* del vincolo e l'eventuale gruppo di vertici.

- *Extrapolate*, quando spuntato, forza i successivi *Mix* e *Max* come marcatori per una mappatura proporzionale fra i valori in ingresso e quelli in uscita.

420

- Gli *switch* *Source* definiscono le impostazioni di l'ingresso dal *target*. I tre *Loc*, *Rot* e *Scale* si escludono a vicenda e permettono di selezionare il tipo di proprietà da utilizzare.

- I contatori *Min* e *Max* contengono i campi numerici che definiscono i limiti inferiore e superiore dei valori di ingresso, in modo indipendente per ogni asse. Si noti che se un valore *Min* è superiore al suo valore massimo corrispondente, il vincolo si comporterà come se avesse lo stesso valore di quello massimo.

- I tre menu a discesa *Source To Destination Mapping* impostano le connessioni tra le coordinate in ingresso e le uscite *X, Y* e *Z*.

- Lo *switch Destination* contiene le impostazioni di uscita relative all'oggetto. Così come per *Source*, i tre *Loc*, *Rot* e *Scale* si escludono a vicenda e permettono di selezionare il tipo di proprietà per il controllo.

- Come per gli ingressi, i campi numerici *Min* e *Max* controllano i limiti inferiore e superiore del valore di uscita, in modo indipendente per ogni asse mappato.

- *Space* e *Influence* definiscono le coordinate e l'influenza del vincolo sull'oggetto.

6.2.2. RELATIONSHIP

Il secondo gruppo di vincoli che analizzeremo in questo capitolo definiscono le relazioni fra due o più oggetti.

Action permette di controllare un'azione di movimento, associata ad un intervallo di fotogrammi, con le trasformazioni di un altro oggetto.

fig. 496 il pannello *Action*

- *Target* definisce l'oggetto attore delle trasformazioni e *Vertex Group* i vertici specifici di questo oggetti.

- *From Target* determina il tipo di trasformazione (spostamento, rotazione o scala lungo o attorno uno degli assi)e il sistema di coordinate globali (*World Space*) o locali (*Local Space*).

- *To Action* seleziona il tipo di azione associata. La spunta su *Object Action*, se attivata, valida solo per l'ossatura, renderà l'osso vincolato ad utilizzare la parte dell'oggetto connessa all'azione. Ciò consente di applicare l'azione di un oggetto a un osso.

- *Target Range* definisce i limiti inferiore e superiore dell'azione del *target*.

- *Action Range* definiscono i *frame* di partenza (*Start*) e terminale (*End*) dell'azione.

Child To forza un rapporto di parentela (vedi in seguito) fra un oggetto selezionato (detto figlio, *child*) all'oggetto *target* (detto genitore, *parent*) o a uno specifico *Vertex Group* del *target*.

422

È possibile che un oggetto sia figlio di differenti genitori in modo che subisca l'influenza di uno o più di questi *target*, così come fare in modo che più oggetti siano figli di un unico genitore.

Assegnando il *constraint Child Of*, l'oggetto si posizionerà, a meno di limiti imposti nelle coordinate, con l'origine coincidente con quella del *target* e risponderà fedelmente a tutte le trasformazioni subite da quest'ultimo.

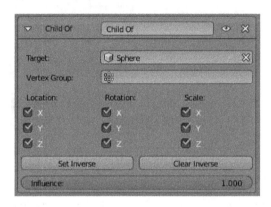

fig. 497 il pannello *Child Of*

- Spuntando *X, Y* e *Z* dei vincoli *Location, Ratation* e *Scale*, l'oggetto si legherà a specifiche coordinate e trasformazioni del *target*.

- Per impostazione predefinita, l'origine del *target* e target e dell'oggetto figlio coincideranno. In altre parole, il figlio si trasforma quando si trasforma anche il genitore. Tuttavia, se l'obiettivo del vincolo fosse mantenere l'essenza originale del figlio al momento della sua *pre genitorialità*, basterà cliccare il pulsante *Inverse*.

- *Clear Inverse* annulla l'azione precedente.

- *Influence* definisce l'influenza del genitore sul figlio.

Floor consente di impedire all'oggetto selezionato di oltrepassare un piano. Questo piano può avere qualsiasi orientamento.

Il vincolo reagisce solo su piani interamente piatti e non può essere usato, ad esempio, per pavimenti o pareti sconnessi.

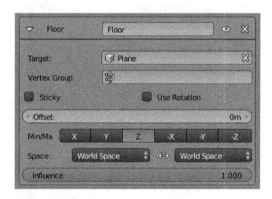

fig. 498 il pannello *Floor*

Il limite del vincolo è imposto in base all'origine dell'oggetto selezionato. Ciò significa che sarà, in effetti, l'origine ad essere vincolata a non superare il piano *target*. È possibile applicare il vincolo ad un gruppo di vertici del piano impostato come *Vertex Group*.

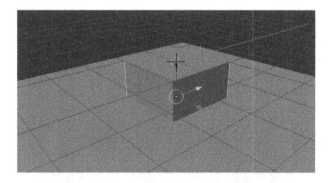

fig. 499 l'origine del cubo non può oltrepassa il piano *target*

424

- *Sticky*, se spuntato, rende l'oggetto inamovibile quando tocca il piano pavimento, impedendogli ad esempio di scivolare sulla superficie.

- *Use Rotation* forza il vincolo ad allinearsi secondo la rotazione o pendenza del target.

- *Offset* impone una distanza tra l'oggetto e il pavimento.

- *Min/Max* sono pulsanti che definiscono secondo quale direzione il *target* non verrà oltrepassato. Ad esempio, se il piano è un pavimento orizzontale, va selezionato il pulsante Z.

- Le coordinate *Local* o *World* e l'influenza *Influence* sono definite dagli ultimi due parametri del pannello.

Follow Path è un utilissimo strumento che consente di vincolare un oggetto ad un determinato percorso, normalmente una curva di *Bézier* o un *Path*.

È molto usato nelle animazioni delle camere, come vedremo nel volume dedicato a questo argomento.

Per chiarire il funzionamento, anticiperemo i concetti con un breve esercizio.

 ESERCIZIO N. 20: LA CAMERA CHE SEGUE UN PERCORSO

In questo esercizio, faremo in modo che una camera animata segua un percorso stabilito e definito da una curva di *Bézier*.

Inseriamo nella scena una curva.

Entriamo quindi in *Edit Mode* e selezioniamo il primo vertice della curva. Con SHIFT + S indichiamo a Blender che il *3D Cursor* dovrà essere posizionato in corrispondenza del punto (*Cursor to Selected*).

fig. 500 *Cursor to Selected*

In *Object Mode* inseriamo una nuova camera che si posizionerà in corrispondenza del *3D Cursor*.

Ruotiamola in modo che sia perpendicolare alla tangente in quel punto della curva.

fig. 501 inserimento della camera

Con la camera selezionata aggiungiamo il *constraint Follow Path* e assegniamo come *target* la curva, cliccando sul tasto *Animate Path*.

fig. 502 il pannello *Follow Path*

Lanciamo l'animazione con ALT + A. La camera si muoverà seguendo il percorso disegnato dalla curva.

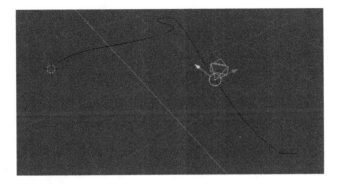

fig. 503 la camera segue il percorso della curva

Si noti che la camera inquadra sempre verso la stessa direzione. Ciò è normale, in questo caso, perché non le è stato assegnato un secondo *target*, detto *Track To*, che si trova tra i *constraints* del gruppo *Tracking* che permette di impostare la vista su un oggetto esterno.

Questo sarà tuttavia oggetto di trattazione successiva.

- Spuntando *Follow Curve* è possibile tuttavia forzare l'inquadratura sul *target*, ossia sull'origine della curva. La camera, in questo caso, nel seguire il percorso, ruoterà inquadrando costantemente l'origine.

- *Curve Radius* consente all'oggetto (la camera nel nostro caso) di scalarsi secondo i raggi di curvatura della curva.

- *Offset* permette di spostare la posizione dell'oggetto lungo in percorso in relazione al fotogramma di partenza dell'animazione.

- *Forward* definisce l'orientamento dell'oggetto rispetto alla curva, allineandolo secondo la direzione di avanzamento del

427

percorso, vale a dire in base alla tangenza della curva in quel punto.

- *Up* definisce l'asse dell'oggetto allineato con l'asse z del mondo. Questo, nel caso della camera, è impostato su Z, in quanto normale all'inquadratura.

Pivot permette all'oggetto di ruotare attorno a un oggetto *target*.

- *Target* imposta l'oggetto *target*.

- *Pivot Offset* (*X*, *Y* e *Z*) definisce la distanza dell'oggetto dal *target*.

- *Pivot When* definisce l'ambito di rotazione attorno a cui avverrà la rotazione attorno al *pivot*.

- *Influence* definisce l'influenza del vincolo sull'oggetto.

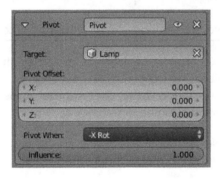

fig. 504 il pannello *Pivot*

Rigid Body Joint si riferisce alla dinamica dei corpi rigidi che sarà trattata nel prossimo volume.

428

Shrinkwrap è un vincolo che corrisponde all'omonimo modificatore. Questo sposta l'origine dell'oggetto e, di conseguenza, la sua posizione verso la superficie del *target*. Ciò impone che il *target* debba necessariamente avere una superficie.

- *Target* individua il bersaglio.

- *Distance* controlla l'*offset* dell'oggetto dal *target*.

- Il menu *Shrinkwrap Type* elenco consente di selezionare il metodo da utilizzare per calcolare il punto sulla superficie del *target* su cui proiettare il centro dell'oggetto. Sono disponibili tre opzioni:

  a) *Nearest Surface Point* (il punto di superficie del *target* sarà quello più vicino alla posizione dell'oggetto originale);

  b) *Project* (il punto di superficie del target è determinato proiettando il centro dell'oggetto lungo un asse, definito da *X*, *Y* e *Z*);

  c) *Nearest Vertex* (molto simile alla prima opzione, eccetto che eventuali riposizionamenti dovuti alla proiezione dell'oggetto sono limitati ai vertici del *target*).

- *Influence* definisce l'influenza del vincolo.

ESERCIZIO N. 21: IMPARENTARE E RAGGRUPPARE ACUNI OGGETTI AD UN OGGETTO ESTERNO: TAVOLO E SEDIE

Spesso è molto utile avere la possibilità di gestire più oggetti attraverso la trasformazione di un unico oggetto esterno, di solito un *Empty*.

Ad esempio, un tavolo, le sedie, la tovaglia, piatti e posate, un vaso e il tappeto, possono essere facilmente imparentati ad un *Empty*, solitamente, per comodità posto al baricentro del gruppo e a terra.

Inseriamo quindi nella scena il tavolo e le 4 sedie. Aggiungiamo un *Empty* nel baricentro della massa e posizioniamolo a terra.

Per raggruppare da *shortcut* gli oggetti all'*Empty*, basta selezionarli tutti e per ultimo l'*Empty*, quindi digitare CTRL + P.

È possibile scegliere dal menu tra *Object*, che legherà gli oggetti semplicemente all'*Empty* e *Object (Keep Transform)* che assegnerà a tutti gli oggetti tutte le trasformazioni applicate all'*Empty*.

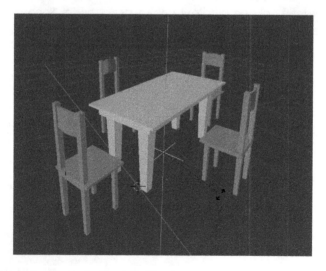

fig. 506 tavolo e sedie sono imparentati all'Empty

430

Una linea tratteggiata nera collegherà il gruppo all'*Empty*.

Provate a muovere, ruotare e scalare l'*Empty*. Il gruppo di oggetti associato ne seguirà la trasformazione.

Tra gli allegati a questo volume, potete accedere al file in esame (*tavolo e sedie – parentela.blend*).

7

INFORMAZIONI E IMPOSTAZIONI SUGLI OGGETTI

7.1. Tab Object

Il **Tab Object** contiene tutte le informazioni e le impostazioni relative agli oggetti presenti nella scena.

Questo *tab* è stato già in parte analizzato nel primo volume, parlando delle finestre e dei trasformatori.

In questo capitolo vedremo quali sono i pannelli e quali impostazioni gestiscono.

fig. 507 il *tab Objects*

Il pannello *Transform*, come già visto, definisce le informazioni sull'oggetto relative alla posizione (*Location*), alla rotazione (*Rotation*) e alla scalatura (*Scale*).

Il pannello **Delta Transform** contiene le informazioni relative ad un oggetto già sottoposto a trasformazione, indicando le differenze (*delta*) tra le distanze, le rotazioni e la scalatura attuale rispetto a quella originaria.

Attivando i lucchetti del pannello **Transform Locks**, si impediscono le trasformazioni all'oggetto selezionato.

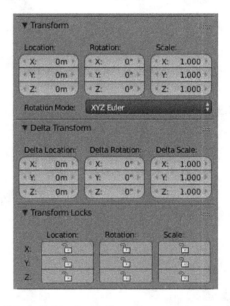

fig. 508 i pannelli *Transform*, *Delta Transform* e *Transform Locks*

Il pannello **Relations** visualizza e imposta le relazioni e le parentele che l'oggetto selezionato ha ed in particolare: in che *Layer* è inserito, con quale oggetto è imparentato (*Parent*) e l'eventuale *Pass Index*, un valore numerico che serve per assegnare un oggetto (in questo caso), ma anche un materiale ad un determinato *Render Layer*, utile per il *Compositing*.

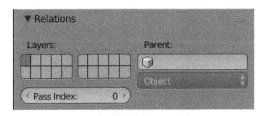

fig. 509 il pannello *Relations*

Il pannello **Groups** permette di raggruppare in un gruppo (creato cliccando semplicemente sul pulsante *Add To Group*) una serie di oggetti selezionati.

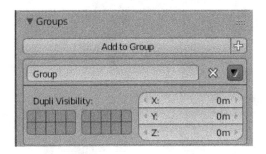

fig. 510 il pannello *Groups*

Questi oggetti raggruppati si comportano in modo analogo alla parentela rispetto ad un oggetto esterno (vedi capitolo precedente).

Una volta inserito il nome del gruppo è possibile visualizzare gli oggetti in esso contenuti divisi per *layer* (*Duply Visibility*), ma soprattutto definire se gli oggetti debbano essere considerati un unico elemento selezionando dal menu freccetta nera *Select Grouped*; oppure se il loro comportamento deve rimanere indipendente dagli altri oggetti del gruppo, selezionando *Unlink Group*; infine se impostare un *offset* dal cursore (*Set Offset From Cursor*).

fig. 511 collegamento degli oggetti del gruppo

Agli oggetti raggruppati si colorerà in verde il contorno.

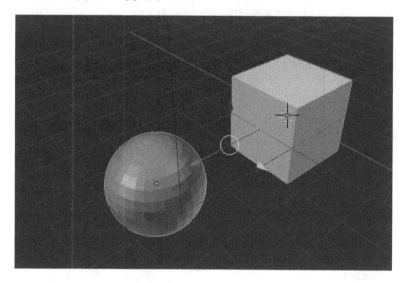

fig. 512 oggetti raggruppati

Il pannello **Display** raccoglie tutte le impostazioni relative alla visualizzazione di un oggetto nella scena.

fig. 513 il pannello *Display*

Spuntando le varie opzioni è possibile visualizzare nella 3D view, in corrispondenza dell'oggetto selezionato: il nome (*Name*), gli assi (*Axis*), la maglia (*Wire*) per le *mesh*, tutti gli spigoli (*Draw all Edges*), il massimo ingombro (*Bound*) definito nel menu a tendina come *Box*, *Cone*, *Cylinder*, *Capsule* o *Sphere*, la *texture space*, la visualizzazione a raggi X (*X-Ray*) per visualizzare l'oggetto selezionato in ogni caso come se fosse in primo piano, e la trasparenza di un materiale se presente (*Transparency*).

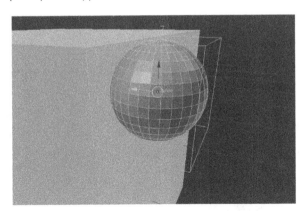

fig. 514 in questa sfera sono state spuntate tutte le opzioni di visualizzazione

439

Nel menu *Maximum Draw Type* viene forzata la visualizzazione dell'oggetto selezionato come *Textured*, *Solid*, *Wireframe* o *Bounds*, qualunque sia l'impostazione di visualizzazione della scena impostata nell'*header* della 3D view.

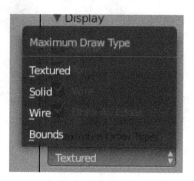

fig. 515 il menu *Maximum Draw Type*

Infine la tavolozza *Object Color* assegna un colore fittizio all'oggetto nella scena 3D.

Il pannello **Duplication** definisce i metodi di duplicazione degli oggetti.

Il pannello **Relations Extras** definisce alcune ulteriori relazioni in merito alle parentele e al *tracking* che analizzeremo in seguito.

Il pannello **Motion Paths** contiene alcuni parametri e informazioni relativi alle animazioni e ai *frames*, a cui faremo riferimento nella relativa trattazione.

Il pannello **Motion Blur** mostra le informazioni relative al *motion blur* che mostra una sorta di *scia* nel movimento degli oggetti, sovrapponendo un fotogramma con il precedente.

Il pannello **Ray Visibility** è molto utile per assegnare o deselezionare l'effetto della proiezione dei raggi luminosi rispetto ad alcuni elementi.

Di default, tutte le spunte sono attive. Ma, se disattivate, si otterranno i seguenti effetti:

- *Camera* (si impedirà all'oggetto di essere renderizzato e visualizzato);

- *Diffuse* (non verrà mostrato il colore dell'oggetto);

- *Glossy* (non verranno mostrate riflessioni);

- *Transmission* (non si otterranno trasmissioni su oggetti trasparenti);

- *Volume Scatter* (verrà impedita l'illuminazione volumetrica interna tipica di questo *shader*);

- *Shadow* (non verranno proiettate ombre da questo oggetto).

Un esempio classico è la disattivazione della spunta *Camera* da un piano sul quale è impostato lo *shader Emission*, in modo da rendere la fonte luminosa attiva sugli oggetti nella scena, ma di rendere invisibile il pannello luminoso alla camera attiva.

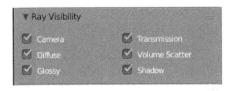

fig. 516 il pannello *Ray Visibility*

441

È evidente che il pannello *Object* disattiva alcuni pannelli o alcune voci del *tab Object*, adattandosi al tipo di oggetti inserito nella scena.

Ad esempio, per una curva il pannello *Motion Blur* non sarà presente, così come *Ray Visibility* non comparirà per un oggetto *Empty*, in quanto già ininfluente nella scena.

8
PER CONCLUDERE

8.1. Conclusioni e ringraziamenti

Desidero ringraziare tutti quanti coloro hanno contribuito alla realizzazione di questo secondo volume di **Blender - la guida definitiva**, la mia famiglia, ai collaboratori, agli amici che mi hanno supportato e consigliato, quali, tra tutti, Francesco Andresciani (che detiene la paternità della decorazione della tazzina di cui all'esercizio n. 19 sul *Texture Paint*), al 3D *artist* Alan Zirpoli con cui ho realizzato i modelli di cucina rappresentati in questo volume, allo staff di *Blender Italia*, nostro sponsor ufficiale, rappresentato da Alessandro Passariello, Dario Caffoni e Alfonso Annarumma, ovviamente tutta la *Blender Community* e la *Blender Foundation*, le persone che seguono me e il sito www.blenderhighschool.it, nonché tutti i miei editori di *Area 51 Editore* che hanno creduto in questo progetto: Simone, Valentina, Enrico e Silvia.

Desidero dedicare a tutti loro il successo di quest'opera.

Grazie.

Andrea

8.2. Bibliografia di supporto

Per la stesura di questo primo volume sono state consultate le seguenti fonti cartacee e digitali:

- Francesco Siddi - Grafica 3D con Blender - Apogeo 2015

- Oliver Villar Diz - Learning Blender - Addison Wesley 2015

- Andrea Coppola / Francesco Andresciani - Blender - Area 51 Publishing 2013-2015

- Francesco Andresciani - Blender: le basi per tutti - Area 51 Publishing 2014

- Gabriele Falco - Blender 2.7 Grafica e Animazione 3D - 2014

- Gordon Fisher - Blender 3D Basics - PACKT Publishing 2014

- John M. Blain - Blender Graphincs Computer Modeling & Animation - CRC Press 2012

- Ben Simonds - Blender Master Class - 2012

- Andrea Coppola - Blender Videocorso (modulo base e intermedio) - Area 51 Publishing - 2014-2015

- Andrew Price - The Architecture Academy - 2014

Sono inoltre stati consultati i seguenti siti internet:

www. blender.org (Cloud)

www.blenderguru.com

www. blendtuts.com

www.francescomilanese.com

www.blenderclick.it

www.blender.it

cgcookie.com/blender

www.blenderhighschool.it

8.3. Nota sull'Autore

Andrea Coppola, classe '71, è un professionista poliedrico: architetto, *designer*, 3D *artist* e costruttore (e parecchi anni fa anche musicista arrangiatore e produttore).

Vive dividendosi tra Roma (dove si occupa di architettura di interni e design e di training) e il Kenya (dove ha progettato e realizzato cinque residence di ville a Watamu: (consultabili sul sito www.lamiacasainkenya.com). In Kenya è anche socio fondatore della società di costruzioni Hendon Properties Ltd.

Titolare e fondatore dello studio di architettura di Roma L.A.A.R. (www.laboratoriodiarchitettura.info), ha lavorato e lavora tuttora come progettista di interni e designer (avendo progettato, tra l'altro, i due modelli di cucina "Nairobi" e "Skin" per Reval Cucine s.r.l. e la sedia "Cra Cra" per Art Leather).

Ha inoltre lavorato come coordinatore per la sicurezza nei cantieri edili (C.S.E.) e come assistente universitario presso la facoltà di Architettura di Roma "La Sapienza", insegnando in alcuni master.

Appassionato di computer grafica e in particolare di Blender, tiene regolarmente corsi, attraverso il sito www.blenderhighschool.it, uno dei principali riferimenti italiani di Blender e partner ufficiale di Blender Italia (www.blender.it). In questo sito, connesso con www.blenderclick.it (gestito con Francesco Andresciani), l'Autore cerca di dare il personale contributo alla causa di Blender, grazie alla sua versatilità, offrendo tutorial, trucchi, libri e prodotti gratuiti e/o a pagamento, oltre a servizi di modellazione e *rendering*.

Come consulente ha realizzato dei cataloghi per aziende di cucine (insieme ad Alan Zirpoli) e per la Mars Society di Bergamo, un progetto interattivo utilizzando le reali mappe del pianeta rosso fornite dalla NASA (con Francesco Andresciani).

Oltre a questa opera, ha pubblicato 8 e-book su Blender, 1 sulla stampa 3D, 10 videocorsi, una Academy a tema (Thematic Academy) su Blender; 3 e-book su Autocad; 1 corso di fonia e 1 *thriller* ("L'Altra Specie"), tutti editi da Area 51 Editore di Bologna (www.area51editore.com).

Per contatti:
blenderhighschool@gmail.com
www.blenderhighschool.it

449

www.ingramcontent.com/pod-product-compliance
Lightning Source LLC
Chambersburg PA
CBHW071356050326
40689CB00010B/1659